守護霊インタヴュー
ロシア・プーチン
新大統領と帝国の未来

大川隆法
RYUHO OKAWA

まえがき

ロシアのプーチン大統領が三度目の大統領として返り咲いた。これが国際情勢の中の日本にとって吉《きち》か凶《きょう》かを占うべくチャレンジしたのが本書である。

先日、刊行した『ネクスト・プレジデント』『ネクスト・プレジデントⅡ』はアメリカ共和党大統領候補の霊査《れいさ》だが、米・中・露・台湾について指導者の霊査が進んできた。

結論から言えば、日露関係の前進は、日本の国防上とても大切だ。

プーチン大統領が親日家であり、その理由が過去世で日本の徳川時代の八代将軍吉宗《よしむね》であったことを突き止めた本書は、必ずや日本とロシアの両国の未来への架《か》け橋となるだろう。

二〇一二年　三月十三日

国師《こくし》　大川隆法《おおかわりゅうほう》

ロシア・プーチン新大統領と帝国の未来　目次

ロシア・プーチン新大統領と帝国《ていこく》の未来

――守護霊《しゅごれい》インタヴュー――

二〇一二年三月六日　プーチン守護霊の霊示

4 「ロシアの未来」と国際情勢の見通し　79

「霊言現象《れいげん》」とは、あの世の霊存在の言葉を語り下ろす現象のことをいう。これは高度な悟りを開いた者に特有のものであり、「霊媒現象《れいばい》」（トランス状態になって意識を失い、霊が一方的にしゃべる現象）とは異なる。外国人霊の霊言の場合には、霊言現象を行う者の言語中枢《ちゅうすう》から必要な言葉を選び出し、日本語で語ることも可能である。

また、人間の魂《たましい》は原則として六人のグループからなり、あの世に残っている「魂の兄弟」の一人が守護霊《しゅごれい》を務めている。つまり、守護霊は、実は自分自身の魂の一部である。したがって、「守護霊の霊言」とは、いわば本人の潜在意識《せんざい》にアクセスしたものであり、その内容は、その人が潜在意識で考えていること（本心）と考えてよい。

ロシア・プーチン新大統領と帝国《ていこく》の未来

――守《しゅ》護《ご》霊《れい》インタヴュー――

二〇一二年三月六日　プーチン守護霊の霊示

ウラジーミル・プーチン（一九五二〜）

ロシアの政治家。レニングラード大学法学部を卒業後、旧ソ連のソ連国家保安委員会（KGB《ケージービー》またはKGB《カーゲーベー》）等で活躍《かつやく》したのち、エリツィン政権の末期に首相となり、その後《ご》、大統領を二期務めた。憲法上、連続での三選が禁止されているため、メドベージェフ大統領の下《もと》で首相に就任したが、二〇一二年三月の大統領選で三選を果たした（五月に就任予定）。親日派として知られ、柔道《じゅうどう》では五段の段位を持つ。

質問者　※質問順

里村英一《さとむらえいいち》（幸福の科学専務理事 兼 広報局長）

立木秀学《ついきしゅうがく》（幸福実現党党首）

黒川白雲《くろかわはくうん》（幸福実現党政調会長）

［役職は収録時点のもの］

1　プーチン氏の「本音」を引き出したい

「ロシアの出方」は変数として大きい

大川隆法　幸福の科学は、何だかマスコミよりもマスコミっぽくなってきて（笑）、時事的なテーマに対する反応が極度に早くなってきました。

ロシアの大統領選が終わり、プーチン氏が、再度、大統領に選ばれたわけですが、日本の国家戦略、外交戦略を考える上では、ロシアも、見逃《みのが》せない国です。

日本は、アメリカを絡《から》めた対中国戦略を考えているとは思いますが、それはアメリカと中国の関係だけでは決まりません。ロシアが一枚入ります。ロシアがどのように動くかによって、米中の動向には、まだ分からない面があるのです。

先般《せんぱん》、国連でのシリア非難決議案を、国連安全保障理事会の常任理事国であるロシアと中国が否認したため、国連軍としてはシリアを攻撃《こうげき》できなくなりました。

今日のCNNのニュースを見ても、アメリカの前回の大統領選に共和党から立候補した方（マケイン氏）も、「シリアを空爆《くうばく》すべきだ」と主張していました。

やはり、「旧冷戦構造を、そのまま持ち越《こ》すかどうか」ということは大きな問題でしょう。

もし、中国が、今、当会が予想しているとおりの拡張主義、覇権《はけん》主義で来るのであれば、日本としては、日米関係を強固にしつつも、できたら、日印関係、すなわち、日本とインドとの関係も結び、さらにはロシアとも結んで、中国を挟《はさ》み撃《う》ちにしたいところではあります。

ところが、プーチン新大統領（五月就任予定）の下《もと》で「強いロシア」が復活してくると、ロシアとアメリカとの関係が、また、けっこう難しくなってくるでしょう。

昔の「強いアメリカ」であれば、ロシアと中国の両方を相手にして戦うぐらいの気力があったのですが、今だと、中国だけでも、アメリカにとっては、もう十分に怖《こわ》い相手でしょう。そのため、ロシアの出方によっては変数が当然出てきます。

また、ロシアも、今、中国の覇権主義については怯《おび》えており、「シベリア・サハリン地区あたりを取られるおそれがある」と考えて、そのへんに関する計算をしているはずです。

そのため、ロシアには、「日本と、ある程度、良好な関係を保たなくては、危険ではないか」という考えもあるでしょうが、やはり、「西側に完全に呑《の》み込《こ》まれてもいけない」という考えもあって、微妙《びみょう》なところです。

ロシアは、西側にロシアに対するミサイル防衛網《もう》を敷《し》かれ、完全に敵に回られては困るので、今、どちらにでも取れる態度になっているようではあります。

このロシアは、変数としては大きいと考えられます。

KGB《ケージービー》出身のプーチン氏は、「闇《やみ》の帝王《ていおう》」なのか

大川隆法　プーチン氏自身は、一般に「親日家」と言われています。彼は、「自分

には不良だった時代もあったが、柔道《じゅうどう》をやって立ち直った」というようなことを述べていて、柔道の大家《たいか》でもあります。彼には、そういう面もあるのです。

また、旧ソ連は無神論・唯物論《ゆいぶつろん》の国でしたが、この人はロシア正教の熱心な信者です。彼は、ロシアにおける、ロシア正教の教会の復活に、ずいぶん力を貸しているようなので、信仰心《しんこうしん》は持っているようです。

ただ、彼に関しては、よい話ばかりがあるのではありません。職業としては、レニングラード大学の法学部を卒業したあと、スパイに憧《あこが》れて、KGB《ケージービー》、KGB《カーゲーベー》に入り、〝スパイごっこ〟もやっていたようなので、体質的には、そういう陰湿《いんしつ》な手法も、当然、知っているはずです。

そして、彼はエリツィン大統領に使われ、その下《もと》で首相になり、そのあと大統領になりました。大統領を二期八年務めましたが、憲法上、大統領は連続では二期しかできないので、今度は首相になり、四年間、内政を担当しました。その間《かん》、大統領の任期を四年から六年に延ばし、今回、大統領選に再挑戦《ちょうせん》して、当選したのです。

大統領を一期六年務めたあと、再選されれば、もう一期できるため、最初の大統領就任から数えると、〝プーチン帝国《ていこく》〟が二十年以上続く可能性があるわけですが、そうなると、旧ソ連時代のブレジネフ政権以来の長期政権になります。

さあ、このプーチン氏が、本当に「いい人」なのか、それとも、民主主義をものともしない、「闇《やみ》の帝王」となっていくのか、分からない面はあります。

国家戦略を立てる上での貴重な情報を提供したい

大川隆法　彼は、今回、大統領になるに当たって、さっそく、北方四島についての交渉《こうしょう》に関し、「まだ話し合う余地がある」というようなことを言って、多少、カードをちらつかせ、日本側の気を引いていますが、これは魚釣《つ》りの要領ですね。浮《う》きに何か餌《えさ》を付け、魚がチョコチョコと（笑）食いついてくるのを待っている感じであり、さっそく、戦略を展開し始めようとしている印象を受けます。

日本のマスコミは、できれば、プーチン氏の懐《ふところ》に入り、その本音を引き出したいことでしょう。それができたら大スクープになるので、ぜひやりたいでしょうが、それは、なかなか、そう簡単にできることではないだろうと思います。

そこで、今日は、当会が日本国政府やマスコミに成り代わり、「今後の国家戦略、外交戦略を立てる上での貴重な情報を提供できれば」と考えています。

そして、「幸福の科学の公益性や、幸福実現党の世界戦略に誤りなし」というところを出していきたいと思っています。

「ロシア人政治家の守護霊の降霊《こうれい》」は初めての経験

大川隆法　ただ、現役《げんえき》のロシア人政治家の守護霊を降霊《こうれい》した経験は私にもないので、言語ルートにおいて、よいコネクション（関係）で霊人《れいじん》が出てくることができるかどうかは分かりません。

私は、ロシア語の文法の参考書とロシア語辞典を買い込んではいるのですが、勉強が追いついておらず、まだ、全然、手を付けていません。残念ながら、ロシア語は話せず、言語ルートがまだ私の脳内には出来上がっていないのです。そのため、プーチン氏の守護霊の霊言《れいげん》が、日本語や英語に翻訳《ほんやく》できないタイプのものだった場合には、「アー、ウー」で終わりになってしまう可能性もあります。

ただ、プーチン氏は親日家であるようなので、期待できなくもありません。何らかのかたちで日本の霊界《れいかい》とのパイプを持っていて、内容がうまく伝わるとよいと思っています。

まあ、どうしても駄目《だめ》な場合には、「源《みなもとの》義経《よしつね》の霊言」か何かに替《か》えます（以前の霊言で、ある霊人から、「立木党首の過去世は源義経」と言われたことがある）。そのときには、あきらめてください。「ロシア人の守護霊の霊言は無理だったか」ということで、「ロシア語の勉強をして、ロシア語の入門レベルが終わってから、やります」ということになるかもしれませんが、とりあえず頑張《がんば》ってみます。やってやれないはずはないでしょう。

（質問者たちに）質問は上手《じょうず》にお願いします。ただ、最初は、うまくいかない可能性がありますけれどもね。

プーチン氏本人が英語を話せるかどうかも分かりません。ロシア語だけしか話せない人だったら、守護霊の霊言の場合も、厳しいことは厳しいのです。

プーチン新大統領の守護霊を招霊《しょうれい》する

大川隆法　前置きが長くなりましたが、日本国政府の外務省、それから、各種マスコミ、さらに、国際情勢について関心のある日本人各位、また、ロシアにおける未来の幸福の科学信者のためにも、プーチン新大統領の守護霊をお呼びし、「日露《にちろ》関係は、どう構築すべきか」「ロシアの未来は、どうあるべきなのか」「ロシアと、アメリカや中国その他との関係」などについて、いろいろと忌憚《きたん》なくご意見を伺《うかが》うことができれば幸いだと思います。
もし、これで対ロシア戦略を立てることができたならば、日本としては最も早道《はやみち》であり、幸福実現党としても最速での戦略立案になるでしょう。

プーチン新大統領のロシアと中国の習近平《しゅうきんぺい》体制とが、どのようになっていくか。アメリカの新大統領との関係は、どうなるのか。まことに見応《みごた》えのある〝歴史的スペクタクル〟のなかで、置き去りにされないために、日本は奮戦せざるをえないところではないかと思います。

それではトライします。

ロシアの新大統領、プーチン新大統領、大統領当選おめでとうございます。プーチン新大統領、大統領当選おめでとうございます。

（瞑目《めいもく》し、両手を広げて顔の横まで上げる）

どうか、幸福の科学総合本部に降りたまいて、あなたの心のうちを明かしたまえ。プーチン新大統領の守護霊よ。どうか、幸福の科学総合本部に降りたまいて、あなたのそのお心を明かしたまえ。

プーチン新大統領よ。ロシア新大統領よ。どうか、幸福の科学総合本部に降りたまいて、あなたのその本心、政治的信条を明かしたまえ。日本を、どうするつもりであるのか、また、アメリカとの関係、中国との関係、世界情勢、国内問題を、どのように考えておられるのか、そのお心を明かしたまえ。

親日派であるあなたには、必ず、私たちの願いに応《こた》えてくれるだけの情熱がおありだと信じております。

プーチン新大統領の守護霊、流れ入《い》る、流れ入る、流れ入る、流れ入る、流れ入る、流れ入る。

プーチン新大統領の守護霊、流れ入る、流れ入る、流れ入る、流れ入る、流れ入る、流れ入る、流れ入る、流れ入る、流れ入る。

プーチン新大統領の守護霊、流れ入る、流れ入る、流れ入る、流れ入る、流れ入る、流れ入る、流れ入る、流れ入る、流れ入る。

プーチン新大統領の守護霊、流れ入る、流れ入る、流れ入る、流れ入る、流れ入る。

（約四十秒間の沈黙《ちんもく》）

2　今回の大統領選を振《ふ》り返る

守護霊として「わが本音」を語りたい

プーチン守護霊　（手を一回叩《たた》く）よし！　始め！

里村　はっ！　ズドラーストビチェ（ロシア語の「こんにちは」）。

プーチン守護霊　（手を一回叩く）一本取れるかな？

里村　プーチン新大統領の守護霊様でいらっしゃいますか。

プーチン守護霊　うーん。

里村　これは、もう、初めから、柔道《じゅうどう》における試合開始の合図である「始め！」で……。

プーチン守護霊　うん。俺《おれ》から一本取ったら大したもんだ。

里村　ありがとうございます。

プーチン守護霊　うん。

里村　とても、ロシア人の大統領の方とお話をしている感じではないのですが……。

プーチン守護霊　引き分けには終わらせんからなあ。

里村　そうでございますか。

プーチン守護霊　どちらかが勝って勝負がつくまでやるぞ。

里村　最近、朝日新聞の記者に、北方領土について、「引き分けを」とおっしゃったようですけれども……。

プーチン守護霊　ああ、ありえない。

里村　あれは、ありえない？

プーチン守護霊　うーん。あれは〝餌《えさ》〟だ。

里村　はい。それでは、こちらも、「今日は、プーチン新大統領から、一本、頂きたい」と思って、お話を聴《き》かせていただきます。

プーチン守護霊　うん。本音をしゃべるからな、本音を。本人じゃなくて守護霊だから……。

里村　はい。ぜひお願いいたします。

プーチン守護霊　守護霊の使命として、嘘《うそ》はつけんからな。

里村　はい。もう、ぜひ……。

プーチン守護霊　これは、やがて翻訳《ほんやく》され、ロシアの国民に読んでもらわなきゃいかんことだから……。

里村　そうでございます。

プーチン守護霊　わが本音を語るからな。いいか?

里村　はい。

プーチン守護霊　だから、情け容赦《ようしゃ》をしないからな。

里村　はい。もう、どんどん、ビシビシ、打ち込《こ》みをお願いしたいと思います（会場笑)。

プーチン守護霊　ああ。絶対になあ、引き分けはありえないからな。

里村　はい。

プーチン守護霊　勝つなら勝て。

里村　はい。

プーチン守護霊　そのときには、ちゃんと認めてやる。わしは、スポーツマンシップに則《のっと》って、負けはフェアに認める。

里村　分かりました。はい。

プーチン守護霊　うん。負けたときにはな。勝つときは勝つ。

里村　はい。

プーチン守護霊　さあ、来い！

里村　はい！　分かりました。

プーチン守護霊　かかれ！

里村　はい。

私の伯父《おじ》は、プーチン大統領が尊敬しておられる姿三四郎《すがたさんしろう》（柔道を題材とした小説の主人公）のモデルになった一人でございますので、そういう意味では、非常にご縁《えん》を感じております。

プーチン守護霊　姿三四郎？

里村　はい。

プーチン守護霊　嘉納治五郎《かのうじごろう》（講道館《こうどうかん》柔道の創始者）じゃねえのか。

里村　プーチン新大統領は、嘉納治五郎先生と姿三四郎を、たいへん尊敬されているとのことですが……。

プーチン守護霊　うーん。うん。

里村　うちの伯父は嘉納治五郎先生の弟子《でし》でございました。

プーチン守護霊　うんうん。

里村　はい。そういう関係で、今日は、ぜひ、本音をズバズバと聴かせていただきたいと思います。

プーチン守護霊　おお。本音しか言わん！　本音しか言わんぞ。ＫＧＢ《ケージービー》は本音しか言わんのだ！

里村　あ！　なるほど。ありがとうございます。本音は絶対に言われないかと思ったのですが、おっしゃるんでございますね。

プーチン守護霊　ＫＧＢは本音しか言わんからな。うん。

里村　はい。分かりました。

プーチン守護霊　本音をこそ、みんなが疑うから。

里村　はい。

プーチン守護霊　ああ。ほんとかどうかは、本音が、いちばん分からない。嘘を言えば、相手は、すぐ分かる。

里村　はい。それでは、本音でお話しいただきたいと思います。

プーチン守護霊　うん。

六十四パーセントの得票率は「合格点」

里村　昨日《さくじつ》、大統領に当選されましたが、前回、出馬なされた、二〇〇四年の大統領選のときより、七ポイントばかり得票率が落ちました。

プーチン守護霊　ああ、君、そんな悪い話から始めるんじゃないよ！

里村　いえいえ。これは、悪い話ではございません。

プーチン守護霊　そういうのは駄目《だめ》だよ。それはね、相手の柔道着の裾《すそ》をつかんで、引っ張ってるようなもんだから、もうちょっと堂々と来なさい。

里村　いえいえ。私は、「あれだけのアンチ（反プーチンの動き）がありながら、圧勝であった」と思っております。

今、正直なところ、本音では、大統領選の勝利を、どのように思っておられるのでしょうか。

プーチン守護霊　うーん。いや、勝つのは予想どおりだからね。「勝つ」とは思ったし、自分としては、五十パーセントぐらいのところを、いちおうの勝敗ラインと見ていたのでね。「五十パーセント以上は取りたいな」とは思っていた。

やっぱり、「支持率が半分なければ、再選されても、みんなが認めたとは言えない」と思ったので、「五十パーセントが勝敗ライン」とは思ってたけど、六十四パーセントぐらいまでは、いちおう行《い》ったのでね。

まあ、君みたいに、「前回よりも下がった」と言う方もいるけども、ちょっと飽《あ》きられるからさ、多少は下がるだろう。

「いちおう五十パーセントは超えたい。五十数パーセントは取らないと、政権が安定しない」とは思ってたから、その目標から見れば、六十四パーセントなら、いちおうは合格で、「何とか合格点には行ったかなあ」とは思っている。

「前回より、さらに伸《の》ばす」っていうことは、なかなか難しいことではあろうと思うのでね。まあ、みんなの気持ちは分かるよな。

「反プーチンデモ」を隠《かく》せなかったのは失点だった

プーチン守護霊　ただ、失点としては、反プーチンデモが起きて、それを隠《かく》せなかったところだなあ。これについては、ちょっと悔《くや》しいな。ロシア的には悔しい。ああいうことを許してはならない体質だからな。

古いロシア人たちは、ああいうものを見たら、やっぱり、「この国は大丈夫《だいじょうぶ》か」

と心配するから。ロシアでは、ああいうことは、許してはならないことだから。「公然と大統領反対デモができる」っていうことは、長生きしてるロシア人には、やっぱり、ちょっと許せないだろうなあ。国が弱くなったような感じがするなあ。

あれだろう？　まだ、中国でだって、できないだろう？

里村　できませんね。

プーチン守護霊　なあ。

里村　はい。あれは、できません。

プーチン守護霊　反習近平《しゅうきんぺい》デモを一万人以上でやったら、みんな殺されるんだろ？

里村　はい。

プーチン守護霊　だから、まだ、ロシアのほうが、ちょっと軟化《なんか》してる感じかなあ。「今のロシアには俺《おれ》が必要だ」と思い、無理を承知で出た

里村　プーチン新大統領は、大統領選の勝利宣言で、まさかの涙《なみだ》をお見せになり、今、世界的に話題になっています。

プーチン守護霊　それは、君ねえ、スポーツマンは泣くんだよ、勝利したら。優勝《ゆうしょう》したら泣くだろう？

里村　ええ。

プーチン守護霊　泣いたって恥《は》ずかしくないのは、優勝のときだよ、君。

里村　ええ。でも、プーチン新大統領には、日本国内はもとより、世界でも、涙というものとは無縁のようなイメージがございましたので……。

プーチン守護霊　それはねえ、君、誤解、誤解だよ。それは誤解だよ。私だって、いやあ、無理は承知でやったからさあ。「大統領を二期やって、首相までして、もう一回、出てくる」って、誰《だれ》が見たって、ものすごい権力の亡者《もうじゃ》みたいに見えるじゃないか。

里村　はい。

プーチン守護霊　そのぐらいはさあ、ＫＧＢにいた人間が、自己分析《ぶんせき》できないわけがないだろう？　それは分かってるけども、「今、ロシアには俺《おれ》が必要だ」と思ってるから、やったんであってなあ。

里村　ええ。今、「無理を承知で」とおっしゃったことにも関係するのですが、私が最初にお訊《き》きしたかったのは、「なぜ、メドベージェフ大統領は一期でやめて、今回、あなたが出られたのか」ということです。今、「自分でやらなきゃ駄目だ」というようなことを、おっしゃっていましたが。

プーチン守護霊　いや、本当は、自分がやりたかったけど、憲法上、制約があるから、しゃあないじゃないか。

里村　はい。

プーチン守護霊　あれは俺の言うことをきいてくれるから。

里村　そうですね。

プーチン守護霊　もともと、大統領になるような器《うつわ》じゃねえから、彼はさあ。

里村　はい（笑）。

プーチン守護霊　だから、「大統領を一回させてやるから、その次には替《か》われ」と言ったら、あれは、あっさりと呑《の》んでくれたからさあ。

里村　はい。

プーチン守護霊　まあ、しょうがないじゃないか。この国は、今は、掌握《しょうあく》力っちゅうか、そういう求心力がなくなったら、もう、バラバラになるから。

もともと、あのゴルバチョフさんがバラバラにしたような国で、エリツィンがロシアだけは何とかまとめたけど、あちこちで紛争《ふんそう》は絶えんしなあ。もともと、すごい強権政治で抑《おさ》え込んでたところに、自由をバーッとばら撒《ま》いたら、やっぱり、そういったってねえ、元に戻《もど》すのは大変だよなあ。

俺だって、「強いロシア」って言っても、帝国《ていこく》主義みたいなのをやりたいわけじゃないんだ。今日は、「帝国の未来」なんていう変な題が付いてるけど、帝国主義っちゅうわけじゃないんだけどな。

ただ、国が沈没《ちんぼつ》していくっちゅうか、弱くなっていき、消えていくみたいなのが嫌《いや》なのは、君たちと一緒《いっしょ》だから、経済的にも復活させてるし、やっぱり政治的にも復活させたい気持ちはあるしなあ。

いや、ほかに適材がいれば、別に、譲《ゆず》ることにやぶさかじゃねえんだよ。
だけどもさあ、今んところ、俺以外の誰がやったって、まとまらなくなるので、
やっぱり、にらみを利《き》かせるのは俺しかいないな。

里村　それは本音と考えてよろしいのでしょうか。

プーチン守護霊　ああ。本音だよ。本音。

3 「強いロシア」とは何なのか

KGB《ケージービー》に入ることを志した理由

里村　一般《いっぱん》には、プーチン新大統領を、まさに現代のツァーリ、すなわち、現代のロシア帝国皇帝のように見て、ある意味で、権力欲の虜《とりこ》のように言うメディアもあるのですけれども……。

プーチン守護霊　君ねえ、僕《ぼく》は敬虔《けいけん》なクリスチャンなんだよ。神の下《もと》にね、ひざまずいて祈《いの》る信者なんだよ。そういう一面を見逃《みのが》しちゃいけないよ。そして、先ほどもご紹介《しょうかい》があったんだけども、かつては不良少年だったのに、そこから、柔道《じゅうどう》をやって立ち直ったんだよ。

だから、「悪の道から引き返して、正しい道に入る」っていうことの意味や、反省の意味だって、ちゃんと理解してるんだよ。

そういう意味じゃ、君らやメディアに、それほど誤解されるような人間ではない。何というか、スパイもののアメリカ映画の影響《えいきょう》で、CIAやFBIみたいなものが、悪いことをいっぱいしてるような印象があるから、うちのほうのKGB《カーゲーベー》についても、「悪いんだろう」と思われてるだろうけどね。いやあ、まあ、悪いこともしてるんだけどな。実際にやってる。

だけど、そういう面だけ見ちゃいけない。まあ、その悪い面もあるが、一部には、やっぱり、治安維持《いじ》をしてる面もある。大きな国だからねえ。旧ソ連は広さが日本の六十倍もある国だからさあ、「治安を維持する」っちゅうのは大変なことだからねえ。

里村　ええ。これは、本来なら、あとでお伺《うかが》いしたかったのですが、なぜ、KGB《ケージービー》、

KGB《カーゲーベー》に入りたいと思われたのですか。すでに、少年のころから、そう思われていたそうなので、非常に珍《めずら》しいと思うのですが。

プーチン守護霊　そうかねえ。うーん。当時は、やっぱり、上昇志向《じょうしょうしこう》が強かったからね。上昇志向っていうのは、「上に上《あ》がっていきたい」という思いだなあ。

柔道とかをやって、頭が悪けりゃさあ、警察官だよな。悪けりゃって、そんなことを言っちゃいけない。頭がそうよくなければ、警察官で終わるところだけど、たまたま、四十倍の倍率のレニングラード大学の法学部に入れたので、意外に秀才《しゅうさい》だった。そういうことであれば、いちおう、「その延長上にあるのは何か」っていうと、一つ、そういう権力機構の一部があるわけだし、俺《おれ》んなかに、やっぱり、正義感が、けっこうあるので……。

里村　おお。

プーチン守護霊　「悪を取り締《し》まりたい」みたいな気持ちも、ちょっとあったんでな。

里村　なるほど。

プーチン守護霊　うん。経済みたいなのは、あとから、ちょっと勉強したもんでね。ちょっと法律もやったけど、もともとは、秩序《ちつじょ》とか、体制の維持とか、善悪とか、こういうものに、やっぱり関心があったんだ。

里村　なるほど。「なぜ、そこまで正義にこだわるのか」とか、私としては非常に気になるところがあるのですが、このへんについては、また、後半のほうで、お伺いしたいと思います。

「ロシアの誇《ほこ》り」は失いたくない

里村　今回、三《み》たび、大統領の地位に就《つ》かれることになるわけですが、プーチン新大統領は、ずっと「強いロシア」とおっしゃってきています。この「強いロシア」とは、いったい何なのですか。何に対して強いのでしょうか。ぜひ、そのイメージをお聴かせください。

プーチン守護霊　まあ……。君、一九八〇年代はねえ、もう、本当に「ワンス・アポン・ア・タイム」〔once upon a time〕（「昔々」という意味）だけどさあ、八〇年代には、ソ連とアメリカで世界を二分《にぶん》し、「どっちが覇権《はけん》を握《にぎ》るか」って、やってたし、ソ連の国民も、そういう意識でいたなあ。

それから、ゴルビー（ゴルバチョフ）が出てきて、あっという間《ま》に国をバラバラ解体してしまったので、そのあとの修復は、本当に大変だったんだからさあ。エリツインの、あの怖《こわ》い顔で、何とかもってたようなもので、独立運動をどこもやり始めてねえ。

だから、やっぱり、国が解体していくときの苦悩《くのう》には、すごいものがあったよ。みんな、「国としては弱くなるのが分かってるけど、自由が欲《ほ》しい」っていうのかなあ、「自由になりたいんだけど、全体がまとまらずして、力が落ちていく」っていう感じ？　この微妙《びみょう》なバランスのなかで生きてたし、内戦も、そうとう起きたわなあ。

そのときには、確かに、「何が正義か」っちゅうのは難しい。釘《くぎ》付けにしておくことが正義なのか。手放すのが正義なのか。

そうかといって、手放したところで、旧ソ連のなかにある一国が、独立して、何もかもできるようなことにはならないんだよな。やっぱり、旧ソ連邦《れんぽう》の国々と友好関係を保たなきゃ、外国とのルートさえ開けない所はいっぱいあるからね。海にも面してない所がいっぱいあるわけだからね。

だから、そのへんの舵取《かじと》りは、とっても難しい。解体したけど、緩《ゆる》やかにまとまってるような状態が続いてるわけで、これから、また強くなるか、それとも、もっとバラバラになって小国になるか、あるいは、場合によっては、昔返りをしていくようになるか、分からない面がある。まあ、そんな感じだね。

今、中国が急に伸《の》してきてるから、場合によっては、中国の食い物にされるおそれもあるわけですよ。

彼らは、ロシアのなかの弱い所や、ロシアの友邦国家、旧ソ連の国のなかで、独立運動が起きるような所あたりに助けに入って、そこをもぎ取るぐらいのことは、やりかねないからねえ。

そういう意味では、やっぱり、元には戻《もど》れないかもしれないけども、少なくとも、ロシアの誇《ほこ》りは、失いたくはないよなあ。

君らだって、そうだろうよ。

戦後はさあ、日本の大学でも、ロシア語を勉強してくれた人が、だいぶいたとは思うよ。今は、ロシア語なんかやったって、特殊《とくしゅ》な就職先しかないだろう？

里村　いえいえ。そんなことはございません。

プーチン守護霊　だから、「ロシアを、もっと強国にして、世界のなかで、ある程度の影響力を持った国にしたい」っちゅうのは、愛国心を持ってる人間なら、当然、考えるじゃないか。柔道なんかも、基本的に、愛国心を教えてるようなもんだからな。

里村　なるほど。では、そういう、「強いロシア」のイメージを、さらに具体的に浮《う》かび上がらせるために、質問者を幸福実現党の者に替《か》えて、お訊《き》きしたいと思います。

北方領土訪問等は、メドベージェフの観測気球

立木　幸福実現党の立木でございます。

プーチン守護霊　君と一緒《いっしょ》なんだよ。目指してるのは「強い日本」だろう?

立木　はい。

プーチン守護霊　こっちも、目指してるのは「強いロシア」なんだよ。一緒なんだ。

立木　はい。ただ、そこの部分で、確認させていただきたいことがあります。

　昨年、メドベージェフ大統領は日本の北方領土に足を踏《ふ》み入れましたし、ロシア空軍の爆撃機《ばくげき》が日本の領空の周りを一周しました。そのため、「ロシアには、日本

に対する領土的な野心があるのではないか」とも解釈《かいしゃく》できるのですが。

プーチン守護霊　いや、メドベージェフはねえ、アドバルーンを揚《あ》げたのさあ。

俺が返り咲《ざ》こうとしてるのは、もちろん、国民がみな知ってたことだけども、メドベージェフは、そういうことをして、プーチン以上のタカ派みたいなイメージを出せば、国民の支持率がもうちょっと上がってきて、「プーチンの再選は要《い》らない。プーチンは、もう過去の人であり、メドベージェフが続投し、ずっとやってくれるほうがよい」と言って、ロシアの国民が応援《おうえん》してくれるようになるかどうか、その観測気球を打ち上げたんだよ。

「北方領土の所に行き、自国の領土に対する強いＰＲをしてみて、支持率が上がるかどうか。日本の反応は、どうなのか。国際世論《せろん》は、どうなるか」などを見てみたんだろうけど、まあ、あのへんは、俺への挑戦《ちょうせん》だと思うな。俺への一種の挑戦だと思うんだよ。

俺を「親日家だ」と思って、反日というか、日本に対して強い態度を示せば、人気が上がるかどうか、試《ため》してみたんだよ。

これは中国や韓国《かんこく》で、すでにやられていることだよな。中国や韓国では、日本に対して強い態度を示すと、人気が上がるからさ。メドベージェフも、それと同じようなことをやって人気が上がるかどうかを見たくて、やったんだろうけどね。結果としては大したことがなかったかな。

立木　そうしますと、旧ソ連のように、周辺の国を衛星国にしたりするような拡張欲までは、持っていないのでしょうか。

プーチン守護霊　まあ、俺の頭には、まだ、こいつ（里村）と同じぐらい毛が残ってるからさあ、頑張《がんば》ろうと思えば、頑張れんことはないと思うけど、ただ、全部を元に戻すほどの命っていうか、政治生命はないような気がするからな。仕上げられるところとしては、そこまでは行かないとは思うけども、少なくとも、ロシアの未来を過《あやま》たないように、方向は、しっかり固めとかないといけない。
ロシアって、やっぱり、強い権力者っていうか、そういう指導者がいないとねえ。国民が、それに長く慣れてきてたので、「自由に判断してください」みたいなことを言われると、本当に困ってしまうし、自由を与《あた》えられたら、それこそ、逆に、君らが考えるのとは違《ちが》って、血みどろの抗争《こうそう》劇が起きることだってあるんだよ。

里村　一九九〇年代には、そうでしたよね。

プーチン守護霊　ええ。実際にあるんでねえ。だから、そういう意味では、誰《だれ》かがデンと座ってることで治まることもあるんだな。まあ、俺が「皇帝」と揶揄《やゆ》されても、やっぱり、そういう文化が長くあるからねえ、それには、いかんともしがたい面はあるよ。

“技《わざ》の切れ”がよければ、北方四島を返す気はある

プーチン守護霊　そうだねえ、北方四島については、君らも、ちっちゃいねえ。ロシアの領土の大きさが分かってるの？　ロシアっていうか、旧ソ連でもいいけど、大きいと、どれほど苦労するか、分かってんの？　君らは、国が小さいから、大きくしたいんだろうけど、大きい所を治めるのは大変なんだよ、ほんと。

北方四島なんか、あんなに、ちっこい所だし、サケ・マス漁業か、タラバガニ漁業か、知らんけどさあ、年に十億ぐらいの売り上げしかないのに、そのために四島を維持するのは大変なんだよ、本当は。はっきり言えばね。

里村　では、日本に返してくれてもいいのではないかと思うのですが。

プーチン守護霊　いや、僕には、その気はあるよ。

里村　ほう。

プーチン守護霊　うんうん。あるある。あってあって。本当にあるよ。ただ、建前《たてまえ》上は、「日ソ共同宣言」の延長上にあるからさあ、「歯舞《はぼまい》・色丹《しこたん》の二島しか返さん」というのが、いちおう建前だけど、君らの技《わざ》のかけ方、技の切れがよくて、「技あり」とか「有効」とかではなく、例えば、背負い投げでポーンと投げ飛ばしてきて、「一本」を取ったらさあ、ちゃんと返すよ。

里村　おお！　それでは……。

プーチン守護霊　返す気はあるよ。

立木　任期中にでしょうか。

プーチン守護霊　うーん。

里村　「判定」や「合わせ技」による勝ちではなくて……。

プーチン守護霊　そういう小技なんか駄目《だめ》だよ。

里村　日本政府の技のかけ方、仕掛けによっては……。

プーチン守護霊　だから、「小技で来るかどうか」を見てるんだよ。「二島ぐらいは返す」と言うのは、ちょっと餌《えさ》で釣《つ》るようなものだな。日本について、それで満足する程度の国かどうか、今、見てるのよ。小エビを餌に付けて、「食いついて、これで満足するか、しないか。もっと強欲《ごうよく》かどうか」を、ちょっと、今、見てるところだよ。

里村　そうすると、歯舞・色丹の二島だけではなく、日本の出方を見て、場合によっては、国後《くなしり》・択捉《えとろふ》まで返すことを考えていらっしゃるわけですね。

プーチン守護霊　ああ。もちろん、日本は、交換《こうかん》条件を何か出してくるはずだからね、どこまで出してくるかを見ている。四島が欲しかったら、さあ、どこまで出してくるのか。これは勝負だよなあ。

だから、日本の外務省や総理大臣が、「技あり」や「有効」を狙《ねら》って、小技ばかり仕掛けてくるようなクラスだったら、こっちも、その程度の扱《あつか》いしかできないけど、もっと大きな技を使ってくるようになったら、こっちも大技でお返しするつもりでいるよ。

あんなの、うちから見たら、点みたいなもんだから、本当は、どうでもいいんだよ。

立木　そうしますと、やはり、シベリア等の大きな共同開発ですとか……。

プーチン守護霊　そうだよ。それはシベリア等の大開発だよな。

立木　はい。

プーチン守護霊　シベリア等の大規模開発をやって、ロシアの経済をもっとグーッと下支えしたいな。あのへんは人口も少ないんでねえ。数百万人しか住んでないから、中国が本気になったら取れるからな。「一億人ぐらい移動したい」とか言われたら（笑）、困るからさあ。草原の民《たみ》が移動してくると、本当に困るんで、それに対する防衛も要《い》るからね。

だから、そのへんで日露《にちろ》がガチッと組めて、経済的にうまくいってだね、双方《そうほう》にメリットがあって、かつ、防衛的にも領土の安全が守れるようなことがあるんだったら、四島返還《へんかん》を考えてもいいと思う。

ただ、おたくにはアメリカとの関係があるからさあ、その間《かん》、日露があまり仲良くしすぎると、アメリカに嫉妬《しっと》され、三角関係になるからな。絶対、嫉妬してくるからさあ。

立木　そうですね。そこの部分で「強いロシア」になっていただくと、ロシアにとっては北方領土が小さく見えてきますよね。

長く友好関係を結ぶ気があるなら、核《かく》兵器を売ってもいい

プーチン守護霊　だけど、こっちでは核《かく》兵器が余ってるよ。

立木　ええ。まあ、そういう……。

プーチン守護霊　核兵器、余ってるよ。

立木　はい。

プーチン守護霊　だから、君たち、買いたかったら買えるよ。

立木　ありがとうございます。

プーチン守護霊　売るよ。

立木　まあ、それも有力な一つのオプション（選択《せんたく》）として考えておりますけれども……。

プーチン守護霊　売る気はあるよ、「一本幾《いく》ら」で。余ってるんだよね。もう使えなくなるからさあ、〝腐《くさ》る〟前に早く引き取ってくれるんだったら売るよ。一本百億ぐらいで買わんかね。

立木　そこも一つ考えてまいりたいと思います。はい。

プーチン守護霊　そうしたら、開発する必要がなくなるよ。

立木　そうですねえ。

プーチン守護霊　錆《さ》び付く前に早く売り飛ばさないとな。

立木　まあ、維持費もかかることですから、日本が引き取れば、その分負担が減りますね。

プーチン守護霊　いいじゃない。北朝鮮《きたちょうせん》を潰《つぶ》す分ぐらいだったら、もう、一日で、全部、売り飛ばしてやるから。そんなの、百本もありゃいいんだろ？

立木　そうですね。はい。

プーチン守護霊　それで、もう潰れるだろ？　そんなの簡単だ。一日で終わりだよ。だから、「ロシアから日本に核ミサイル百本売却《ばいきゃく》」と発表したら、もう、それで北朝鮮はお手上げだよ。それで終わるよ。

立木　はい。

里村　本当にそういうお気持ちがございますか。

プーチン守護霊　あるよ。日本とロシアが、本当に、そんなに短い関係じゃなくて、長く友好関係を結ぶという気があるんだったら、北朝鮮からの防衛ぐらい、手伝う気は十分にあるよ。

ただ、アメリカが嫉妬するだろうから、この三角関係については、わしはちょっと責任が取れない。あんたがたがどういうふうに調整するかだな。

立木　ただ、内部的にはいかがなんでしょうか。ロシアでは、ナショナリズム（民族主義）が強くて……。

プーチン守護霊　ん？　何を言ってるんだ。俺が「いい」と言ったら、いいに決まってるじゃないか。

立木　ああ、すみません。失礼いたしました。

プーチン守護霊　そんなもん、関係ないよ。俺が「売る」と言ったら売るんだよ。それで終わりだよ。

里村　それは、支持率から見れば、考えられないことではないと思いますが。

プーチン守護霊　うん。そんなのは当たり前だよ。俺が、「日本との友好関係のために、核兵器を百本売る」と言ったら、それで別に構わんよ。うちは百本ぐらい売ったって、全然、怖くも何ともないからさ。うちはもう、「万」の単位で持ってて、数が余ってるからね。

里村　アメリカとの関係は、また、これから質問が出てきますけれども……。北朝鮮《きたちょうせん》の金正恩《キムジョンウン》は「狂《くる》っている」

プーチン守護霊　うん、そう。

里村　先ほど、「北朝鮮《きたちょうせん》は潰れても構わない」とおっしゃいました？

プーチン守護霊　いいんじゃない？

里村　えー!?（会場どよめき）

プーチン守護霊　あれは狂《くる》ってるよ。

里村　狂ってますか。

プーチン守護霊　うーん。

里村　それでは、金正恩《キムジョンウン》をどのようにご覧になっていますか。

プーチン守護霊　狂ってるよ。狂ってるけど、まあ、若いからさ。「狂ってる」というのは、〝あれ〟かもしれないけど、生まれつき、いかれてるわな。だから、もう、あんなのに任《まか》せてはいけないよ。あちこちにミサイルを乱射されたら、たまらないからさ。

里村　ええ。

プーチン守護霊　日本を狙ったはずのミサイルがロシアに飛んできたら、たまんねえからさあ。そんなことは許せねえので、地上軍で占領《せんりょう》してもいいんだけど、ちょっと手間がかかるし、人も死ぬからさあ。だから、みんなで、はよう、あれを片付けようじゃねえか。

里村　ほお！

プーチン守護霊　もう、あれは早く潰したほうがいいよ。あれはよくないよ。

黒川　北朝鮮による韓国哨戒艇沈没《しょうかいていちんぼつ》事件（二〇一〇年）のときには、「明確な証拠《しょうこ》がない」という理由で、ロシアは北朝鮮をかばっていましたが、北朝鮮とは何かつながりがあるのでしょうか。

プーチン守護霊　まあ、それは旧体制のものだろうね。何と言うか、旧態依然《きゅうたいいぜん》とした冷戦構造がまだ残ってるから、本能的に、そういうふうにやるんじゃないかと思うけどね。

黒川　中国も北朝鮮をかばっていました。

プーチン守護霊　いやいや、中国だって、ロシアだって、同じようなことがあれば、全部隠《かく》すよ。そういう体質だから、「敵国側だ」と思えば、そういうふうにするけどさ。しかし、俺は、本当はそんな考えを持ってない。そんなちっこいことは思ってないよ。

よその国の艦船《かんせん》を、あんな騙《だま》し討《う》ちのようにして、黙《だま》って沈《しず》めておきながら、「証拠がないから、どこがやったか分からない」と言うとか、親父《おやじ》（金正日《キムジョンイル》）が死んだらミサイルを撃《う》つとか、自分が後継者《こうけいしゃ》になったらミサイルを撃つとか、これは、もう完璧《かんぺき》にいかれとるよ。

花火なら、打ち上げたって構わんよ。だけど、この花火は違うだろう？　これは〝ロケット花火〟なんだから、いかれてるわな。これは取り除かなきゃいかん。いわば、〝ガン細胞《さいぼう》〟だな。

「冷戦の遺物」である北朝鮮《きたちょうせん》の体制は変えるべきだ

里村　それは、「金正恩を取り除く」というだけでなく、「あの国そのものを取り除く」ということですか。

プーチン守護霊　まあ、体制は変えたほうがいいね。

立木　つまり、「韓国主導で統一したほうがいい」ということですね。

プーチン守護霊　いや、韓国主導というか、もちろん、「ロシアと韓国が友好的な未来を築ける」という条件の下《もと》だけども、韓国の経済力はすごく発展しているから、そういう条件で友好関係を促進《そくしん》すれば、ロシアの東側地域もかなり活性化していくのは間違いないからねえ。

里村　なるほど。

プーチン守護霊　私たちは、北の地方で雪に閉じ込《こ》められてて、本当に困ってるんだよ。どことでも友好関係になりたいのはやまやまで、本当は友好国をいっぱいつくりたいんだけど、怖がられてっからさあ。

里村　今、おっしゃったことは、伝統的なロシア帝国の南下政策、つまり、「朝鮮《ちょうせん》半島まで、全部、ロシアが支配する」というようなものとは違いますよね？

プーチン守護霊　うーん。いや、中国に取られるぐらいだったら、うちも取りたいんだけどさ（笑）。それは取りたいけど、韓国だって、そんな簡単には取らせてくれんだろう。アメリカや日本も付いてるし、そんなわけにはいかないだろうからね。

里村　はい。

プーチン守護霊　せめて、外交的にも経済的にも友好関係をつくって、自由に行き来できるような感じにしたほうがいいんだけど、どう見ても、北朝鮮のところがネックだわなあ。

あれは「冷戦の遺物」そのものだろうからさ。本当は、東ドイツが崩壊《ほうかい》したあと、それに続いて、あそこの体制も変えなきゃいけなかったわな。長すぎたね。二十年以上、放置してしまった。長すぎると思うなあ。

里村　ああ。

中国が「西側入り」するなら、ロシアもそうする

プーチン守護霊　それで、ソ連が崩壊してパラパラになっていく姿を、中国が見て、方針を変えてきてさあ。自国がバラバラにならないように、「政治的には締め上げて、経済的にのみ一部開放する」という、ずるっこい作戦を取ってきた。あれは二段構えだよな。「上半身を攻める」と見《み》せかけて、「足払《ばら》い」をかけてくるようなやり方だ。汚《きた》ねえや。汚ねえやり方だよな。

里村　そうですね。

プーチン守護霊　だから、もう少しすっきりしたほうがいいわな。「西側入り」をしたいなら、きちんと西側入りすればいいと思う。中国が西側入りするんだったら、ロシアもそうする。それで一緒になれるから、別に構わないんだけどね。

結局、敵対関係がはっきりしないために、ヨーロッパがロシアのことをまだ警戒している面もあるしなあ。

里村　うーん。

プーチン守護霊　俺は、別に、「東ヨーロッパを全部統合して、西ヨーロッパを攻める」なんてことは、それほどやる気がねえから、心配しなくていいよ。

「小《しょう》よく大《だい》を制す」でロシアに勝った日本を尊敬している

里村　ただ、十九世紀、二十世紀の歴史は、大ロシアがどう動くかによって、各国の思惑《おもわく》も動き、戦争が起きるきっかけともなっていましたので……。

プーチン守護霊　ロシアと戦ったヨーロッパの国は、全部負けることになってるのよ、今まではね。ロシアに勝ったのは日本だけなんだよ。だから、俺は日本を尊敬してるんだよ。

里村　そうですね。

プーチン守護霊　大したもんだよ。あんなちっこい〝蚤《のみ》〟みたいな国がさ、六十倍もあるような国をぶん投げたんだろう？　一本背負いで。

里村　ええ。

プーチン守護霊　大したもんだよ。尊敬するよ、俺。

里村　ロシアは、ナポレオンにも、ヒトラーのナチスにも勝ちましたからね。

プーチン守護霊　そう、そう。ヒトラーも勝てず、ナポレオンも勝てなかったのに、ロシアを破った東郷平八郎《とうごうへいはちろう》はそれより偉《えら》い。うーん、大したもんだ。だから、日本は偉いと思うよ。もう柔道の極意《ごくい》そのものだよな。「小《しょう》よく大《だい》を制す」。小男《こおとこ》が大男《おおおとこ》を投げ飛ばす。これが柔道の醍醐味《だいごみ》だろう?

里村　はい。

プーチン守護霊　確かに、ロシアは日露戦争で日本に負けたけどさあ、でも、俺は日本を尊敬してるよ。すごいと思うよ。

里村　そうですね。

プーチン守護霊　大したもんだ。ようやったよ。ナポレオンよりもヒトラーよりも上だよ。大したもんだ。

里村　しかも、ナポレオンもヒトラーも、戦闘《せんとう》では勝ちながら、結局は、冬将軍に勝てなかったわけですが、日本は雪のなかの戦闘でも勝ちましたからね。

プーチン守護霊　それに、KGB《ケージービー》的に見ても尊敬してるんだよな。

日露戦争をするに当たっては、裏の諜報員《ちょうほういん》が活躍《かつやく》してさ、ロシア革命まで起こして勝ってるだろう。

里村　それは明石元二郎大佐《あかしもとじろうたいさ》のことですね。

プーチン守護霊　明石大佐なあ。これはもう、KGB《カーゲーベー》としては、本当に〝教科書〟なんだよ。「ここまでやるか」という教科書でなあ。「戦争だけでは勝てない」と見たら、諜報員が工作して、相手国のなかで革命まで起こして倒《たお》す。これは〝合わせ技〟だよな。大したもんだ。これはもう、われわれの手本としてたところだからな。

4 「ロシアの未来」と国際情勢の見通し

「露中《ろちゅう》」が組めばアメリカを潰《つぶ》せるが、そうしようとは思わない

立木　先ほどチラッとおっしゃっていた、「もし、中国も西側入りするのであれば、ロシアも一緒《いっしょ》に西側入りしてもいい」というご発言ですが、この地球のなかでの国際政治を考えますと、やはり、アメリカの存在は大きいと思います。

今までのロシアの動き方を見ると、このアメリカに対抗《たいこう》して、中国やイランといった国と連携《れんけい》したり、国連の安全保障理事会においても、「中国と並んで拒否権《きょひけん》を発動する」というような動きをしたりすることが多かったと思うのですが、「対アメリカ」ということに関しては、今、どのようにお考えでしょうか。

プーチン守護霊　オバマ君は、ロシアの大統領がプーチンだと、ちょっと困るだろうと思うよ。

立木　そうですか。

プーチン守護霊　ああ。中国だけでも手を焼いて、逃《に》げ出したくなってるからさあ、「プーチンがまだやるのか」と思ってるだろうな。アメリカでは、〝皇帝《こうてい》〟の存在が許されないから、ちょっと嫌《いや》だろうね。

だから、アメリカが「二カ国を相手にする」というんだったら、かつてソ連がやられたときと逆になるかもしれない。「対ロシア」と「対中国」、両方の軍事作戦のための予算を組んだら、今度は、アメリカがパンクして国家破産だよ。

立木　はい。

プーチン守護霊　かつてのソ連はそれで負けたからさ。アメリカと軍事競争をし、予算の競争をするうちに金がなくなったためにお手上げになって、白旗を揚《あ》げたんだけど、そのときと同じことがアメリカにも起きるわなあ。

だから、もし、ロシアがアメリカを敵性国家と見て、「対アメリカ」を掲《かか》げ、中国も「対アメリカ」を掲げて、この両国がアメリカと戦う姿勢を示したら、アメリカは国家破産を起こして潰れるだろう。

俺《おれ》たちは、それをしようと思えばできる。ただ、俺は、しようとは思わない。

立木　はい。

プーチン守護霊　俺は、やっぱり、ロシアの未来としては、今の日本やアメリカ、ヨーロッパの体制に近づけていくほうがよいと思う。だけど、ロシアの国民性は、すぐに同じようにはならないので、時間はかかるわな。

一時期、エリツィン下で民主主義に移行しようとしたんだけど、国の乱れと国力の低下があまりにも激しかったんでな。ロシアは、それで貧しくなってしまったために、多少、「強権政治」と言われようと、少しは強引《ごういん》にやりましたけどね。それが独裁的に見えたかもしらんけど、求心力を取り戻《もど》して「強いロシア」をイメージさせると、国がまとまったんでな。そういう意味では、俺も歴史の舞台《ぶたい》で一役《ひとやく》買ったとは思っておるけどね。

ただ、今言ったように、「アメリカを潰そう」と思えば、潰せないことはない。中国とロシアの核《かく》兵器の数はすごいし、この両方の国と軍事的に戦うことになったら、アメリカは、もう、たまんないだろうとは思うよ。今の状態だったらな。

しかし、その気持ちは、俺にはない。はっきり言ってね。だから、俺が大統領をやってる間は、そういうことは起きない。これは本音だよ。

日本は「米露《べいろ》のかすがい」になるべきだ

立木　ただ、そうは言っても、すぐに「アメリカと仲良くなり、協調する」というかたちにするのは、難しいのではないでしょうか。

プーチン守護霊　まあ、今までの流れがあるからね。アメリカにも、ときどき狂《くる》ったのが出てくるからさあ。

立木　はい、はい。

プーチン守護霊　クレージーになることがあるからさあ。支持率を上げるために、パフォーマンスで、急に戦争を始めたりすることもあるから、完全に無防備というわけにもいかないだろうね。だけど、次の問題は、やっぱり中国だよ。どう見ても、今、世界でいちばん危険で怖《こわ》い国は中国だよ。「世界は中国とどう対峙《たいじ》するか」っていうことが、今、いちばんの問題なので、そのためだったら、「うちも〝中国包囲網《ほういもう》〟のなかに入るべきだ」と思っているのでね。

黒川　幸福実現党も、ロシアと日本の軍事同盟までは難しいとしても、「日露《にちろ》協商」を結ぶなど、親善・協力関係を築いていくべきだと考えております。

プーチン守護霊　ロシアと軍事同盟を結んだら、アメリカとの関係が極《きわ》めて難しくなるだろうな。

黒川　ええ。

プーチン守護霊　それは、なかなか意見が合わないだろうなあ（笑）。だけど、日本が一つの〝かすがい〟になるっちゅうか、「米露のかすがい」になることは大事かと思うよ。ここが一枚絡《から》むことによって、米露を直接的な敵にならないようにする可能性はあると思う。

ただ、天秤《てんびん》にかけるような感じの交渉《こうしょう》の仕方をしてはいけない。

里村　それは、「日本が」ですね？

プーチン守護霊　「日本が」ね。日本が、アメリカとロシアを天秤にかけるようなことをしてはいけないと思うよ。そのへんの主体性はしっかり持たないといけない。

つまり、一定の理念の下《もと》に、国の理念をはっきりと掲げて、「日本という国は、こういう方向に行きたい。ロシアと一緒にやっていけるものについては、賛同できる範囲《はんい》でやっていきたい」という方針を出さないといけない。「どちらの国を取るか」という感じの交渉になってはいけない。それではいかん。

黒川　そのためにも、早く「北方領土問題」を解決していきたいと思うのですが、いかがでしょうか。

プーチン守護霊　だから、返す気があるんだって。返す気はあるから、〝技《わざ》〟をかけてこいよ。

黒川　はい。「経済協力」や「エネルギー開発」といったかたちですね。

プーチン守護霊　「奥襟《おくえり》をつかんで引きずる」というような技ばっかりかけてくるのは、もうやめてくれないか。そういうのは、柔道《じゅうどう》の試合としては全然面白《おもしろ》くないんだ。見てるほうがたまんねえんだよ。襟をつかんで、こうやって、じっと横から持ち上げて（襟をつかんで揺《ゆ》さぶるしぐさをする）っていうのは、たまんねえんだよ。

野田首相は、〝寝技《ねわざ》専門〟で、見てくれがよくない

里村　ところで、プーチン大統領は、森首相以降の日本の首相とお付き合いして、いかがでしたか。

プーチン守護霊　もう長いんだよ。橋本さんもいたっけな。

里村　それは森首相よりも前ですね。

プーチン守護霊　ずいぶん長いなあ。

里村　当時はまだ、エリツィン大統領と橋本首相がやっておりましたが。

プーチン守護霊　エリツィンのときだったか？

里村　ええ。

プーチン守護霊　そうだ。エリツィンだ。あのときはな。それから、あとは誰《だれ》だ？　もう、あんまりよく変わるんでねえ。

里村　森首相ですね、はい。

プーチン守護霊　森さんからかい？

里村　はい、大統領として最初にお会いになったのは森首相です。

プーチン守護霊　何人替《か》わったんだか、分かんないよ。俺、もう覚えられないや。

里村　ええ。たくさんいましたね。
そのなかで印象に残った方などは、いらっしゃいますでしょうか。

プーチン守護霊　森さんの次は……。

里村　はい。小泉首相です。

プーチン守護霊　森、小泉……。小泉は長かったなあ。

里村　それから、安倍《あべ》首相、福田首相ですね。

プーチン守護霊　安倍、福田……。

里村　さらに麻生《あそう》首相。

プーチン守護霊　麻生……。

里村　鳩山《はとやま》首相。

プーチン守護霊　鳩山。

里村　菅《かん》首相、そして野田首相でございます。

プーチン守護霊　うわあ！　いやあ、八人か（会場笑）。たまんねえな。これは、ロシア人には覚えられないよ。無理だね。小泉がちょっと長かったよな？

里村　はい。

プーチン守護霊　ちょっと長かったかな。うんうん。小泉は長かったから、さすがに少しは記憶《きおく》があるけどねえ。

里村　現在の野田首相についての印象はどうでしょうか。

プーチン守護霊　（大きくため息をつく）

いや、友好関係のために、言葉は選ばないといけないだろうねえ。あんまり変なことを言ったら、友好が決裂《けつれつ》するからね。やはり未来が失われてはいけない。だけど、柔道家として見たときには、ああいうタイプは〝寝技専門《ねわざ》〟だよな。

里村　はい。

プーチン守護霊　はっきり言ってな。寝技に持ち込《こ》んで、一生懸命《いっしょうけんめい》、絞《し》めようとしてくるタイプに見える。

だから、あんまり、こう……、見てくれがよくないよな。

里村　見てくれですか（笑）。

プーチン守護霊　うん。やっぱり、まずは立ち技で攻《せ》めないとな。寝技っていうのは、立ち技が通じないときに、次に持ち込んでいく技だからなあ。彼は寝技だよな。

里村　最初から、立ち技では来ないですからね。

プーチン守護霊　来ないよね。首相なら、堂々と、まず大外刈《おおそとが》りから一本背負いを狙《ねら》ってくるぐらいの度胸がないとな。彼にはまったくそういうところがないだろう？　だから、野田の印象は、寝技にスーッと持ってくる、あの感じだな。

里村　今日は、全部、柔道のたとえで来られますね。

プーチン守護霊　ああ。

「プーチン再選」で、日本は中国に占領《せんりょう》されずに済むだろう

黒川　あとは、対中国関係について、もう少しお伺《うかが》いしたいと思います。

「中国の次期国家主席である習近平《しゅうきんぺい》の過去世《かこぜ》はチンギス・ハンである」ということはご存じでしょうか。

プーチン守護霊　チンギス・ハンが、どうしたって言うんだよ。

黒川　はい。ロシアは、過去、チンギス・ハン時代を含めて、約二百四十年間、モンゴル帝国の支配下にあった時代がありましたが、習近平氏に対しては、どのように思っておられますでしょうか。

プーチン守護霊　そんなに焚《た》き付けるんじゃねえよ（会場笑）。本当に、本気になるからさあ。あんまり焚き付けちゃいけない。こっちも本気になるから。

黒川　（笑）ぜひ、本気になっていただければと思いますが、習近平氏については、いかがお考えですか。

プーチン守護霊　何？　チンギス・ハンだって？

里村　ええ。

プーチン守護霊　許せねえなあ。それはよくない。

里村　今年の秋、中国共産党大会で、習近平氏が次の総書記に選ばれる予定ですが、この「時期」について、プーチン大統領はどのようにご覧になっていますか。

プーチン守護霊　それは、君たちにとってはラッキーなことだよ。「プーチン大統領が、もう一回出てきてくれた」ということは、君たちにとっては非常にラッキーなことだったと思うがね。これで、日本が占領されずに済む。

里村　あ！　そうですか。それは、いったいどういうことでしょうか。

プーチン守護霊　もし、「アンチ日本」の人がロシア大統領になってたら、両方の国から攻められれば、もう終わりじゃない？　先ほどのアメリカの話じゃないけど、それよりも先に、日本のほうが〝逝《い》ってしまう〟がね。

里村　ええ。

プーチン守護霊　もし、ロシアも中国も、「日本を取りたい」って攻めてきたら、どうするんだよ。ええ？　そうなったら、もう終わりだよ。

黒川　今、自衛隊も、南西方面にシフトしようとしていますからね。

プーチン守護霊　終わりだよ。

中国がアジア諸国を略奪《りゃくだつ》するなら、背後から攻《せ》める気はある

でいる。

プーチン守護霊　だけど、俺は、日本を脅威《きょうい》とは見てないからな。基本的に、「脅威となるのは中国のほうだ」と見てるので、中国がのさばることは許さないつもり

もし、中国が、海洋戦略によって、南のほうへ、どんどんどんどん支配圏《けん》を広げていって、アジア諸国を略奪《りゃくだつ》していくつもりでいるんだったら、その後ろから攻《せ》めるぐらいの気はあるよ。

里村　いやあ、それは心強いお言葉ですね。

プーチン守護霊　後ろから攻められたら、中国も出るに出られなくなるからさ。だから、そういう意味では、ロシアと日本とは、深い絆《きずな》を結んでおいたほうがいいんだよ。

里村　ええ。

プーチン守護霊　日本はまだ、そこまで動いていないのでねえ。ちょっとした資源のこととか、天然ガスとか、「北方四島を返すか返さないか」とか、そんなことばかり言っとるからさあ。

里村　それは、プーチン大統領が首相をされていたときに、中国のことを「戦略的パートナーである」と語られたことや、中国の次期トップの習近平氏も、ロシアのことを「戦略的パートナーである」と語ったと日本のマスコミが報道していることも関係していると思います。日本では、まるで、双方《そうほう》の意思が通じ合っているかのように報道されているのです。

プーチン守護霊　いや、それは、「中国よりもアメリカのほうがずっと強い」と思ったときには、そうなるわけよ。だけど、「中国独自でアメリカに対抗できる」と思ったら、そうならなくなる。やつらは独自の動きをするからさあ。

里村　ああ、なるほど。

プーチン守護霊　中国が「自国だけではアメリカに対応できない」と思うときには、向こうもそういう言い方をするんだけど、今は、「自分たちだけでやれる」と思うようになってきて、もうすぐ独立することを、完全に計算してるね。「ロシアなんか、もう落ちぶれていく旧大国にすぎず、墜落《ついらく》していく鷹《たか》のようなものだ」としか思ってないだろうよ。本当は、ロシアのことなど、相手にしてないよ。そう思うな。

里村　中国も、一世代前はモスクワに留学する人が多かったのですが、今はアメリカに留学した人たちが、新しい体制をつくろうとしています。

プーチン守護霊　あれはね、「盗《ぬす》むべきものを全部盗んでこい」という意味だよ。中国は、「アメリカから盗めるものは全部盗め」ということで、若い人を送って盗ませて、「盗むものがなくなったら、滅《ほろ》ぼしても構わない」と思ってるのよ。

里村　ええ。

アラブ諸国が核《かく》開発できないのは、人種差別か宗教差別だ

黒川　今、ロシアとヨーロッパは、NATO《ナトー》軍における欧州ミサイル防衛計画、つまり欧州MDシステムをめぐり、関係がギスギスしていますが、今後はどのようにしていかれるつもりでしょうか。

プーチン守護霊　そうなんだよね。それには少し問題があるんだよな。どうしようかな。でも、ミサイルを並べられると、やっぱり気分が悪いもんなあ。

黒川　「ロシアに向けているわけではない」という建前《たてまえ》にはなっておりますが。

プーチン守護霊　うーん……。

ただ、ヨーロッパも一枚岩じゃないからね。あちらこそ、何か喧嘩《けんか》が起きそうな、内紛《ないふん》が起きそうな雰囲気《ふんいき》だから、ロシア連邦《れんぽう》と同じようなものなんじゃないの？

里村　このヨーロッパのミサイル防衛網配備計画も、もとはと言えば、イランの核《かく》開発問題について、「核の平和利用は問題ないだろう」と、ロシアがイランを擁護《ようご》するかのような発言をしたことも関係しているのではないかと思われます。これは、われわれから見ると、「ロシアはイラン寄りか、あるいはシリア寄りか」というように見えるのですが。

プーチン守護霊　うーん、イランねえ……。

まあ、もちろん、「核を平和利用する権利」は、どこの国にもあると思うよ、実際上ね。だから、原子力エネルギーをつくること自体を悪みたいに考えるのは、どうかなと思う。事故が起きることもあるけどもね。

ただ、ヨーロッパ側の読みとしては、「イランは、当然ながら、イスラエルと戦争をする気でいるんだろう」と推測しているから、核開発に反対してるんだとは思うけどね。

中立の立場から見れば、「イスラエルだけは核開発ができて、核兵器を持つこともできるのに、アラブの国々はできない」というのは、はっきり言って、フェアではないわな。

里村　なるほど。それは、「スポーツマンシップから見ると、フェアではない」ということですね。

プーチン守護霊　フェアではないと思うよ。はっきり言えば、それは、「人種差別」か「宗教差別」のどちらかだな。

アメリカのイラン攻撃《こうげき》で、日本にはエネルギー危機が起きる

立木　仮に、「アメリカがイランを攻撃《こうげき》する」というような動きをした場合には、どのように対応されますか。

プーチン守護霊　イランを攻撃するのかあ。金もないのにするのか。うーん……、イランを攻撃されると困るのは「日本」だな？

立木　ええ、そうですね。資源の輸入が止まりますので。

プーチン守護霊　日本は石油が入らなくなって困るんですかねえ。

里村　オイルショックが起きるおそれもあります。

プーチン守護霊　ばかだからさあ、日本は、原子力発電を全部止めに入ってるんだろう？

里村　はい、安全性を点検しています。

プーチン守護霊　もし、イランが攻撃されたら、もう終わりじゃないの。そのあと、強烈《きょうれつ》なエネルギー危機が起きてくるよ。

日本は、いちおう、そういう事態も考えてるようだけどねえ。つまり、天然ガスや、その他の代替《だいたい》エネルギーを、ロシアから供給を受けることも少しは考えてる。まあ、ロシアにとっては、それもチャンスかと思って計算はしてるけどもね。

ただ、アメリカには、「酒飲みのように暴《あば》れるのは、いいかげんにやめてくれんか」と言ってもらえないかねえ。あの国は、まるで、「飲んだくれのおやじが喧嘩を売る」みたいな感じに、突如《とつじょ》、変身するからさ。そういうところが怖いわな。

アメリカは、「イランの核開発を許すと、ほかのイスラム教国も開発を始めるだろう。そうすると、もう手に負えなくなる」と思ってはいるんだろうけどな。

実は、中東のイスラム圏が核武装をし始めると、ヨーロッパだって危険になるんだよな。

立木　はい。

プーチン守護霊　実は、射程に入ってくるからな。ヨーロッパがイランの核開発に反対するのは、「白人のほうが圧倒的《あっとう》優位《ゆうい》にある」という立場を維持《いじ》したい気持ちがあるからだろうね。

でも、イランにまず手を出すのは、イスラエルだろうと思うよ。

今、あれだろう？　イスラエルの首相がアメリカに行ってるはずだよ。オバマさんと会ってると思うけども、それは、いちおう承認を取りに行ったと思うんだよな。

つまり、「イスラエルが戦争をしたときに、アメリカは応援《おうえん》してくれるかどうか。非難したりしないかどうか。国連の支持が取れなくても、単独でも応援してくれるかどうか」という確認を取りに行っているはずだ。

オバマさんは、たぶん、確約はできない人だと思うよ。確約はできない。はっきり言えば、オバマさんは、今、やや〝レームダック〟（「足の不自由なアヒル」。政治的影響力を失った政治家の意）状態に近くなっていて、「次の選挙で負けるかもしれない」というところを走ってるのでね。

今、オバマさんと話をしても、次期大統領が決まらないと、確約にならないかもしれない。「オバマさんと約束したから大丈夫《だいじょうぶ》だ」と思って戦争をしたときに、次の大統領が怒《おこ》ったりすると困るからさ。

「本当はこれで十分ではないけれども、何もないよりはましだ」と考えて、今、話をしてるんだとは思うけどな。

オバマ大統領は、イランと北朝鮮《きたちょうせん》のどちらを先に攻撃《こうげき》するか

里村　その面で言いますと、今日、プーチン大統領の守護霊様に話を伺っていることの日に、アメリカでは「スーパー・チューズデー」（大統領候補者指名争いのため、

予備選挙や党員集会が多くの州で一斉《いっせい》に行われる、主に三月初旬《しょじゅん》の火曜日のこと）を迎《むか》えていますが。

プーチン守護霊　そうなんだよ。大変なんだよ。

里村　民主党、共和党を含《ふく》めて、どなたか意中の大統領候補はいますか。

プーチン守護霊　「意中の候補」がいるわけないだろう（笑）（会場笑）。

里村　「誰がなったらいい」と思われますか。

プーチン守護霊　それは、プーチンがなったほうがええな。

里村　いや、それはもちろんでございますが（笑）。それでは、「誰がなったら嫌だ」というのはございますか。

プーチン守護霊　「誰がなったら嫌」かあ……。

アメリカ人って変身するからねえ、分かんないところがあるんだよなあ。突如、変身するのでね。「弱い」と思ってたやつが、いきなり強くなったり強硬《きょうこう》になったりすることがあるし、「強そうな人」が弱かったりすることもあるんで、ちょっと分からないんだけどね。

今のところ、ロムニーが有力になりつつあるから、「ロムニー対オバマ」の線が強くなってきているような感じがするなあ。

今年、オバマは、「経済の浮揚《ふよう》策」と、民主党にしては珍《めずら》しい「タカ派路線」を取ってきて、共和党の戦略を潰しに入るのは間違《まちが》いない。「共和党なんか要《い》らない」というキャンペーンを張ると思うんだよな。

だから、今年のオバマはちょっと怖いと思う。怖いというか、たぶん、ややクレージーになると思うよ。どこかに〝獲物《えもの》〟を求めてるね。絶対に、どこかでクレージーなことをやると思う。

里村　ほお。

プーチン守護霊　絶対やると思う。意外な変身ぶりを見せるんじゃないかなあ。〝チェインジ〟では、結局、何もできなかったから、自分がチェインジするしかなくなって（会場笑）、今年は、「自分がバットマンに変わって、突如、悪を叩《たた》く」みたいなことを、急にやると思うな。何もやらなかったら大統領選に落ちる。まず負けるから、何かしらやるだろう。

その攻撃《こうげき》対象はどこか。イランか、北朝鮮《きたちょうせん》か、どちらをやるか。今、絞《しぼ》り込みに入ってると思う。これをガーッと計算してるね。

現段階では、イスラエルの動きが急なので、イランのほうが早いかもしれない。あとは、金正恩《キムジョンウン》が四月に総書記になったときに、おとなしくしてるか、〝打ち上げ花火〟をするか、このへんにかかってる。

二つ同時に叩くのは、いくらアメリカでも、ちょっとしんどいんだよ。だから、とりあえずどちらか一つを攻撃しておいて、「もう一つがまだ残ってるから、大統領を続けたい」と、こう来なきゃいけないので、どちらからやるか、今、計算にかかってるところだな。

里村　ええ。

プーチン守護霊　金正恩もアホだからさあ、何をするか分からないんでね。彼の知能は、本当に、サイコロを投げるのと変わらないから、この未知数というか変数の部分は、予測がつかない。

里村　そうですね。

プーチン守護霊　何の目が出るか分からないのでね。四月早々に、派手にやり始めたら、こちら（北朝鮮）のほうに焦点《しょうてん》が向いてくるからさ。

アメリカ人は、とにかく正義を大事にするからなあ。「これは正義に悖《もと》る」と、みんなが判断したら動く国なんで、「イランと北朝鮮のどちらが正義に悖るか」を考えるだろう。

イランを潰すために、イスラエルは、もちろん、独自でも叩けるけども、単独行動では、やっぱり、国際世論《せろん》上、浮《う》き上がるからな。

さあ、ここは、どちらにするかだねえ。

「アジア危機」があれば、沖縄《おきなわ》米軍基地の必要性をPRできる

立木　アメリカと北朝鮮との間では、「いったん核の開発等をストップさせる」という米朝合意があったと報道されています。

プーチン守護霊　あんなものは、全然、意味をなさないよ。相手が嘘《うそ》つきだからさ。北朝鮮のあの人は、翌日、合意を変えたって構わんのや。だから、あんなのは合意のうちに入ってない。アメリカも、それは百も承知だよ。あそこは契約《けいやく》社会じゃないからね。

アメリカが百も承知で合意したということは、「攻撃はイランのほうが先だ」と思ってるからだろう。だけど、それを平気で反故《ほご》にするのが北朝鮮という国なんだよなあ。それが分からないからねえ。

今日の時点では、いちおうイランへの攻撃を先に考えてると思う。今日の時点で

はね。ただ、先はまだ、ちょっと分からないね。

里村　しかし、今日、プーチン大統領の守護霊様が明かされた、オバマ大統領の本音の部分が世界に知られていくと、「イランを標的にする」という方針も変わってくる可能性があると思います。

プーチン守護霊　変わることもあるかなあ。

里村　ええ。攻撃が北朝鮮のほうへ向かう可能性もあると思います。

プーチン守護霊　やっぱりねえ、二つ同時はきついんだよ。国の予算が潤沢《じゅんたく》で、経済的に力が余ってるときはいいけど、今のように軍縮圧力がかかってるときに、二カ所同時に攻撃するのは、いくら何でもきついよね。それは、最強のときでないとできないことだ。

ただ、アメリカのもう一つのポイントとしては、沖縄《おきなわ》問題について、日本にＰＲをする必要がある。つまり、「米軍のプレゼンス（駐留《ちゅうりゅう》）が必要である」というＰＲをしなければいけないので、その意味では、「アジアのほうに少し〝危機〟が欲《ほ》しい」ということもある。どこでもいいけど、アジアで危機が欲しい。そうしたら、世論がサッと変わるからな。

「イスラエル対イラン」だけだと、世論が変わるかどうか、少し分かりかねるところがある。米軍は別に関係ないように思うかもしれないのでね。

そういったニーズもあるので、「厳しい予算のなかで、どう戦うか」を、今、考えてるところなんだ。でも、何かやる。

里村　「何かやる」ということですね。

プーチン守護霊　何かやる。間違いなく何かやる。

シリアの仲間に見られるのは勘弁《かんべん》してほしい

立木　ほかに、中東に関連した問題として、反体制派への武力弾圧《だんあつ》を続けているシリアについては、どのように対応されますか。

プーチン守護霊　そうだなあ。この件については、俺たちは〝悪者〟になってるんだろうけど……。

立木　まあ、そういう位置づけですけれども。

里村　日本では、「ロシアは、シリアに武器供与《きょうよ》をしているから、擁護したのではないか」というような報道もありました。

プーチン守護霊　うーん……。

黒川　「シリアのアサド大統領が、プーチン大統領に祝電を送った」とも報道されています。

プーチン守護霊　いやあ、もう、勘弁《かんべん》してくれよ。やつらは自分の仲間にして引きずり込みたいんだろうけど、困るんだよなあ。「中身は違う」と言ってるんだから、「一緒じゃないんだ」っていうことを分かってもらえないかなあ。金正日《キムジョンイル》だって、亡《な》くなる前は、あの中東の〝狂犬《きょうけん》〟の……。

里村　カダフィですね。はい。

プーチン守護霊　おう、カダフィだ。金正日は、カダフィがやられてから、生きた心地《ここち》がしなかったらしいじゃないか。「いつ、アメリカの小型無人飛行機が飛んできて、自宅を攻撃するか」と思って、生きた心地がしなかったらしいな。

里村　オサマ・ビン・ラディンのときもそうでしたね。

プーチン守護霊　そうだねえ。アメリカは、本当にあれで攻撃してくるからさ、何だか怖かったらしいよ。

何軒《なんけん》かグルグルと回って潜伏《せんぷく》してても、夜間に飛行機が飛んできて、同時に攻撃されたら、それで終わりだもんな。それは怖かったらしい。「恐怖《きょうふ》のために、少し早死にした」っていう話もあるぐらいだからなあ。

アサドねえ……。だから、本当に難しいんだ。泥沼《どろぬま》化すると、もっと悪くなることもあるし、うちの経験から見ても、必ずしもいいとは言えないんでな。

「内戦が長く続いて泥沼化するかどうか」ということは、イラク戦争のときにも迷ったところだろう? 親父のブッシュが、サダム・フセインを殺せなかった理由は、「彼を殺したら、もっとすごい状態になって、泥沼化するんじゃないか」という怖さがあったためだ。それで、日本のときをまねして(第二次大戦後における昭和天皇の免罪《めんざい》)、残しておいたんだろう?

里村 なるほど。

プーチン守護霊 ところが、「やっぱり、あいつは悪質だ」っていうことで、結局、息子《むすこ》のほうが退治に出たんだろう。そのあと、泥沼化して、「もう殺しといたほうがいい」っていうことになったんだろうけどね。

アサドのところも、「アサドを殺すか、向こう(シリア)を制圧するか」っていう問題だけど、あそこがまとまるかどうかには、微妙《びみょう》なところがあるかなあ。

まあ、しかし、これも、ＭＤ（ミサイル防衛）とか、そんなものとも、裏では、交渉条件が、いちおう全部つながってるところは確かにあるけどねえ。うーん。

里村　この地域は、今後も、世界情勢における大きな火薬庫になると思われますが、本当に、ちょっとした条件の違いで大きく変わってくると思います。

中国には絶対に「革命」が起きる

里村　今、その中東やアフリカに対して、大きな支援をしながらエネルギー外交を行っているのが、先ほどから何回も名前が出ている中国です。

その中国では、ちょうど昨日《さくじつ》、全国人民代表大会が開幕しました。

プーチン守護霊　うんうんうん。

里村　その全人代で、「中国の経済成長率を少し下げ目にして、安定路線のほうに持っていく」という方針が出されたことを、日本のマスコミも報道しています。ただ、昨日《きのう》の発表のなかでいちばん注目すべき内容は、「今の社会体制を守るための予算を大きく増やす」というものだったと思います。これは、つまり、「暴動やインターネット等の取り締《し》まりを厳しくする」ということです。それから、「社会主義の思想体制を、もう一段強くする」ということを、昨日、温家宝《おんかほう》首相が演説で言っていました。

このへんの中国の動きに関しては、いかがでしょうか。

プーチン守護霊　うーん。いや、中国にはねえ、革命が起きるよ。

里村　おお！

プーチン守護霊　私の予想では、絶対、起きる。絶対、起きる。もうもたない。

里村　そうですか。

プーチン守護霊　中国は、「ソ連みたいに」というか、「ロシアみたいにならないように」と思って、二十年以上我慢《がまん》してやってきたけど、やっぱり、「南のほうの豊かさ」対「それ以外の地域の貧しさ」の格差は、もう開く一方《いっぽう》でしょう？　経済のほうの特例によって金持ちをつくったけど、あとの貧しい所は、そのまま伸《の》びないでいるからね。

これは、そろそろ限界値まで来ている。それを、警察力や軍隊で押《お》さえ込んでいるけど、もう限界が来てると思う。

あるいは、軍隊が蜂起《ほうき》する可能性もないわけではないので、今、新しい革命のリーダーが出てくることを、すっごく恐《おそ》れてると思うね。つまり、鎮圧《ちんあつ》できる程度のデモとか、暴動とかならいいんだけど、もっと思想性の強い、伝播《でんぱ》力の強いリーダーが出てきたときは、軍隊まで洗脳されてくるので、軍隊まで切り崩《くず》されたときは怖いだろうね。

だけど、軍隊が一部取り込まれて内戦が起きることは、もう、過去の歴史に何度もあったことだからねえ。

でも、これは近いね。私は、「みんなに嫌《きら》われるかもしらん」と思いつつ、大統領選にもう一回出たけども、中国で革命が起きて内戦状態が起きるなら、やっぱりロシアの政治はしっかりしといたほうがいい。私はそう思ってるんだよ。

里村　ええ。

プーチン守護霊　たぶん、そのほうが世界にとってもいいと思うよ。

里村　はい。

ロシアには単独で中国を料理する力はない

立木　「中国に対して何か工作をする」とか、そういう発想は、お持ちではないのでしょうか。

プーチン守護霊　元はねえ、共産主義で同根だったけど、途中《とちゅう》から仲が悪くなった。ロシアと中国の共産党は、ちょっと違うのでね。

それと、中国と違って、うちは、ロシア正教を復活させているからね。

さっきのイランの問題に戻るけど、複雑なのは、俺もクリスチャンだからさあ、イスラエルを聖地として残したい気持ちはあることはある。だけど、今までの国の流れから見れば、逆のほう（イラン）をちょっと応援しなきゃいけないような流れもあって、ちょっと困ってるんだ。

里村　その中国のほうには、何か特別な工作をしているのでしょうか。あるいは、これからしようとしているのでしょうか。

プーチン守護霊　そうだねえ。まあ、でも、国力は、今は向こうがちょっと上昇気《じょうしょう》流に乗っているからねえ。ロシアは、残念だけど、経済的には、あれだけの上昇気流に乗せるほどうまくは行かなかったのでね。

ただ、俺が大統領になってからあとは、ちょっと治安がよくなった。治安がよくならないと経済はよくならないんだよ。だから、治安をよくして、経済を強くし、復活させようとしているわけなんだ。

もう一段、経済的に強くなってくれれば、やれるんだけど、残念だが、まだロシアには、「単独で中国を料理したろうか」というほどの力はないな。旧ソ連なら違うけども。

里村　ロシアには、主要な輸出物として、石油と天然ガスがありますが、中国は、その大事なお客様でもあるわけですよね。

プーチン守護霊　まあ、そうだ。世界にとっても、そうなんだよ。

里村　ええ。

プーチン守護霊　アメリカにとっても、日本にとっても、アフリカにとっても、どこにとっても、そうなんだからさあ。

里村　はい。

プーチン守護霊　これだけの消費が見込めるのは大きいぜ。「中国が経済的に成長して、消費が見込める」っていうのは大きいよなあ。

里村　そうすると、ロシアでは、まだ、製造業などが一緒になって発展していないわけですが、そういうところが、中国との勝負に踏《ふ》み込めない理由の一つなのでしょうか。

プーチン守護霊　うーん。かと言って、「香港《ホンコン》みたいな自由の体制が維持できるかどうか」っていうと、実は、その体制自体が中国の政権維持の批判になってるんでね。つまり、香港みたいな繁栄《はんえい》があること自体が、中国の体制が続いてはならないことを意味してるわけだから、自分で首を絞めてるところもあるよねえ。

里村　要するに、ロシアが中国のことを「戦略的パートナー」と言いつつ、その一方で、あなた（本人）は台湾《たいわん》を国家として認めるような発言をされていますが、そういうお考えが背景にあってのことなのですね。

プーチン守護霊　中国が独走するのは、やっぱり困るね。

里村　はい。

プーチン守護霊　独走していいような国ではないわな、はっきり言って。世界中があんな国になったら、やっぱりよくないと思うなあ。

だから、独走はしちゃいけない。自分の国のなかだけでこもっとるなら、まあ、しょうがないとは思うけど、ほかの国に中国的な政治体制や考え方を輸出して、ほかの国を統制するようなことをしてくるんだったら、それはやっぱり許せないんじゃないかなあ。

習近平《しゅうきんぺい》次期主席は「経済が分からない武闘《ぶとう》派」

里村　先ほど、「今の中国に新しいリーダーが出てきたら……」と、おっしゃっていましたが、守護霊様が霊的な目でご覧になって、何かそういう芽のようなものは見えますか。

プーチン守護霊　ああ、当然、用意してると思いますよ。

里村　ほう！

プーチン守護霊　うん、当然いるんじゃないの？

里村　例えば、その方はすでに政治家になっていたりしますか。

プーチン守護霊　いやあ、それは知りませんけどね。よそ様の国のことまで詳《くわ》しくは知りませんが、出てくるとしたら、それは、南部の裕福《ゆうふく》な所から出てくるでしょうよ。当然でしょ？

里村　そうですね。

プーチン守護霊　北京《ペキン》政府を倒《たお》すんだったら、そっちから出てこなきゃいけないでしょうな。

里村　それは、やはり、「自由でなければ、もっと発展していくことはできないから」ということでしょうか。

プーチン守護霊　うーん。と言うか、まあ、「政治」対「経済」の戦いだよな。

里村　はい。

プーチン守護霊　食っていけなくなったら、人間は、やっぱり、政治を支持しなくなってくるからねえ。

里村　ええ。

プーチン守護霊　政治は動機かもしらんが、経済は結果だからね。つまり、結果が悪けりゃ、「政治が悪い」ということになってくるんでね。そのへんが、まあ、難しいところだなあ。

だけど、「次の習近平《しゅうきんぺい》のほうは、あまり経済が分からないんじゃないか」と私は思うんだよ。これはねえ、けっこう武闘《ぶとう》派だよ。武闘派は武闘派なんだけど、何か、勝ち負けで物事を考えてるような感じがする。直感的にな。

里村　なるほど。

立木　例えば、「どういう仕掛《しか》けをしてくるか」とか、そのへんの見通しはあるのでしょうか。

プーチン守護霊　考えが古いんじゃないかな？　つまり、帝国主義っていうかさあ、やっぱり「領土を取ると富が増える」というような考えを持ってる気がする。そんな感じだな。

だって、今、南沙《なんさ》諸島や西沙《せいさ》諸島？　あんな所も取りに入ったり、日本の尖閣《せんかく》諸島も取ろうとしたりしている。あれを見たら、「領土を拡張して資源を増やすことが、国富を増やすことだ」と思ってるように見えるので、この人は第三次産業を理解していないんじゃないかと思うんだよ。

里村　ああ、なるほど。

プーチン守護霊　たぶんね。そのへんが問題だな。

黒川　同じ武闘派でも、プーチン大統領は、そこは……。

プーチン守護霊　私は違うんだなあ。親日派だから。

5 「ロシア経済の発展」は何が目的か

日系企業《きぎょう》との合弁《ごうべん》でいろいろな事業を展開したい

黒川　今のロシアは資源依存型の経済ですが、「これから何か新しい産業を起こしていこう」というようなことは考えておられますか。

プーチン守護霊　うーん、やはり、もうちょっと日系企業《きぎょう》に入ってきてほしいなあ。それで、合弁《ごうべん》でいいから、いろんな事業を展開したいなあ。

里村　昨日《さくじつ》、東京の株式市場では、ロシア関連企業の株価が上がりました。

プーチン守護霊　うんうん。それは当然だろ？

里村　ええ。プーチン新大統領に対する財界の期待には、非常に強いものがあります。

プーチン守護霊　うん、そうなんだよ。だからねえ、みんな、もうちょっとロシア語を勉強してほしいんだよ。英語ばっかり勉強するからさあ、ロシア語をしゃべれる人がいないので、商業が進まないんだよ。

里村　そうですね。

プーチン守護霊　君らは、ちょっと怠《なま》けてるんじゃないか。オウム真理教みたいな、あんないかがわしい宗教が、モスクワを中心に三万人も信者を短期間でつくったんだよ。何をしてるんだよ、君たちは。全然じゃないか。

里村　いや、あれはまたちょっと……。

プーチン守護霊　彼らはねえ、使い捨ての注射針を百万本も寄付して忍《しの》び寄り、それで入り込《こ》んできたんだよ。

里村　ええ。

プーチン守護霊　副首相にまで会ってね。ロシア語もしゃべれんくせに入り込んできたんだからねえ。

里村　はい。あれはちょっと、国際エージェントというか、国際諜報《ちょうほう》……。

プーチン守護霊　君らは、すごく後《おく》れてるよ。それに比べたら、二十年後れてるんじゃない？　どうなってんだよ！

里村　いや、もう、どこからでも、どんどん入っていきたいと思います。

立木　はい、はい。そうですね。

プーチン守護霊　とにかく、君、明日《あした》からロシア語を勉強しろ！

里村　ええ。私も、スパシーバ（ありがとう）とか、少しぐらいはロシア語を……。

ロシアに対する「良いイメージ」を打ち出す必要がある

立木　ただ、合弁等を進めるに当たって懸念《けねん》されることがあります。例えば、サハリン2《ツー》（ロシアのサハリン島沖《おき》を対象とする大規模な石油・天然ガス採掘《さいくつ》事業）では、一九九〇年代に日本が結んでいた契約《けいやく》が、結果的に引っ繰《く》り返されて、ロシア側の企業に権利を持っていかれるかたちになりました。

このへんに関して、やはり、西側のわれわれとしては、ビジネスをするにしても、法治主義といいますか、「法律に則《のっと》って契約がきちんと履行《りこう》される」ということが、非常に大事になってくると思うのです。

プーチン守護霊　いや、君らにはさあ、ちょっとロシア人に対する不信感があるからさあ。

立木　はい。

プーチン守護霊　先の大戦が終わったときに、「六十万人が強制連行された」とか、「十年間抑留《よくりゅう》された」とかさ、何か、そんなことを書いた小説家が出たりして、悪いイメージのPRがだいぶなされてるからさあ。よっぽど悪い、悪人の国みたいにPRされてるから、もうちょっといいイメージを、うちも打ち出さなきゃいけないなあと思ってるんだ。

里村　ええ。

プーチン守護霊　知日派の人に、もうちょっと上手《じょうず》に宣伝させないとね。やっぱり、言語の壁《かべ》がちょっと厚くて、少し厳しいのかなと思うけどなあ。

ロシア経済復活の背景にあったのは「大減税」

里村　プーチン大統領は、前回の大統領のときに、例えば、所得税を一律十三パーセントのフラットタックスにされました。

プーチン守護霊　うんうん、うんうん。

里村　もちろん、天然資源の値上がりがあってロシア経済が復活したという事情もありますが、法人税などの大減税を、どんどん進められたと記憶《きおく》しています。

プーチン守護霊　日本人は、そんなことを知らねえだろ?

里村　今の日本は、まったく逆なんですよ。国が大変なときに、増税しようとしているので、これはちょっといかがなものかと思います。

プーチン守護霊　いや、それはねえ、俺《おれ》どころじゃない「帝王《ていおう》」が、日本にいるんじゃないか。

里村　え？

プーチン守護霊　日本に帝王がいるんだよ、「ドジョウの帝王」が。

里村　「ドジョウの帝王」ですか（笑）。

プーチン守護霊　うん。「ドジョウの帝王」がいるんだよ。ドジョウのナンバーワンがいるんだなあ。

里村　（笑）でも、ちょっと怖《こわ》い感じですね。

プーチン守護霊　みんなを泥沼《どろぬま》に引きずり込もうとしてるんだよ。

里村　はい。

プーチン守護霊　まあ、単純だけど、掛《か》け算すりゃあ計算上は税収が増えるからな。

立木　はい、はい。

黒川　プーチン大統領のすごいところは、世界に先んじてフラットタックスを導入されたことです。

プーチン守護霊　君、ちょっとは分かるかい?

黒川　はい。

プーチン守護霊　俺、意外に秀才《しゅうさい》なんだよ。

黒川　ええ、経済にも非常に精通されています。

プーチン守護霊　だから、これはねえ、KGB《ケージービー》にしちゃあ、ちょっと出来すぎなんだよ。

黒川　そうですね。

里村　ええ、出来すぎだと思います。

プーチン守護霊　うん。出来すぎなんだ。本来はできるわけがないんだけど、君らが知らないところで、西側のことをちゃんと勉強してるんだよ。

黒川　構造改革に手を打たれているのは、すごいと思います。

プーチン守護霊　うん、構造改革してるんだよ。

ゴルバチョフはね、人気だけあったけど、アホだったからさあ。もう、目茶苦茶にしたので、立て直すのは本当に大変なんだからな。

まあ、経済的には、もう一段、開発を要するところが、あっちにもこっちにも、いっぱいあるのでねえ。だから……。

黒川　そこに日本の資本や技術が欲《ほ》しいわけですね。

プーチン守護霊　うーん。

中国の軍事独走を止めれば、ロシアは経済発展にシフトできる

プーチン守護霊　だから、中国の軍事独走は止めたいんだよ。これをさせると、やっぱり、うちも武装解除ができないからさあ。

里村　ああ。

プーチン守護霊　軍事費のところが大きくなるようだったら、やっぱり経済を圧迫《あっぱく》するのでね。ロシアは、持ちすぎてるぐらい核《かく》兵器を持ってるから、もういいよ。

立木　はい（笑）。

プーチン守護霊　戦争する相手がなければ、別に要《い》らないんだからさあ。

里村　そうすると、「ロシアの武装解除は、中国の軍事的独走の阻止《そし》と、ある意味でセットだ」ということですか。

プーチン守護霊　セットだよ。

つまり、あちらが軍事独走をやめて、戦争の可能性がなくなるんだったら、うちも下ろせる。というか、もう軍事のほうをやめて経済発展のほうにシフトするからね。

里村　なるほど。世界の軍事・外交の専門家は、みな、「ロシアの軍事費削減《さくげん》は、アメリカとの関係で行われる」というように見ていましたが、中国との関係ですか。

プーチン守護霊　まあ、アメリカと戦おうとは、もう思ってないよ、俺は。いちおう冷戦が終わったからね。

里村　ええ。

プーチン守護霊　マルタ会談で終わったからさあ、アメリカと戦おうとは思っていない。だけど、今、「中国と組んでアメリカと戦いたい」と思うほど、中国とは仲が良くないよ。

里村　はい。

プーチン守護霊　昔の型枠《かたわく》が残ってるだけで、それほど仲は良くない。共産主義系と自由主義系っていうのは当たってるけど、俺の流れは違《ちが》うからね。俺は、基本的に、「信教の自由」を認める立場だから、中国とは違うんだよ。

里村　ええ、ええ。

プーチン守護霊　そういう意味では、キリスト教圏《けん》とも、ちゃんと話が通じる人間なんだよ。

今、日本神道《しんとう》の神々との交流を計画している

里村　プーチン大統領は、ロシア正教に対して、非常に敬虔《けいけん》な態度で接していらっしゃいますね。

プーチン守護霊　そうなのよ。神を信じてるんだよ、僕《ぼく》は。

里村　カムフラージュではなくて、本当に、本心から信じておられるのですか。

プーチン守護霊　君らねえ、私はこうして、ちゃんと宗教団体に降りてこられるんだよ。

里村　そうですね。

プーチン守護霊　悪魔《あくま》じゃないんだよ！

里村　はい、分かりました。

外国の政治家の守護霊で、降りてくるなり、こんなに流暢《りゅうちょう》に日本語を話された方というのは、ちょっと久しぶりです。

プーチン守護霊　そうだよ。当ったり前だよ。だからね、日本神道《しんとう》の神々とも交流しようとして、今、一生懸命《いっしょうけんめい》、計画を練《ね》ってるところなんだからさあ。

立木　そうなんですか。

里村　最初に出てこられるときに、一瞬、柏手《かしわで》を打たれたのかと私は思いました。

プーチン守護霊　いやあ、柏手は打ってねえけどさあ、仲良くする気でいるよ。だけどさあ、ロシア語をしゃべる人が少ないからさ、これがやっぱりしょうがねえな。政治でも経済でも、これがネックだし、外交官なんかでも、ロシア語ができた人は、今はもう二流三流になるんだろうから、みんな嫌《いや》がってるんだろう。アラビア語もしゃべれないしさあ、もう英語ばっかりだけど、ロシア語熱が、もう一回ぐらい起きないかなあ。

里村　幸福実現党のほうで、「ロシア語講座」を開くとか……。

立木　そうですね。まあ、ロシアは、BRICs《ブリックス》（ブラジル・ロシア・インド・中国）の一角《いっかく》として経済成長をされていますので、そういう意味では非常に期待感も高まるのではないかと思います。

プーチン守護霊　日本には技術はあるよ。技術はあるけど、資源もなければ、国土も広くないからさあ。別に「植民地をつくれ」と言ってるわけじゃないんだけど、アメリカでもアジアでも合弁工場をいっぱいつくったりしてるように、ロシアでも仲良くやろうじゃねえか。

立木　はい、そうですね。

6 「宗教・民族問題」をどう考えるか

「神への信仰《しんこう》」と「共産主義」は両立しない

里村　もうそろそろ、お時間が迫《せま》ってきたのですが、そうしますと、プーチン大統領が目指しておられるのは、決して「ソ連の復活」ではないということですね。

プーチン守護霊　そこまではできないね。残念だけど、それはできない。

里村　「プーチン大統領は共産主義を途中《とちゅう》で捨てられた」という説もあるのですが、マルクス主義に、シンパシーはあるのでしょうか。

プーチン守護霊　「共産主義」と「神への信仰《しんこう》」は両立しないでしょ？　基本的に。

里村　両立しません。

プーチン守護霊　「自分はどっちを取るか」といったら、これは嘘《うそ》をつけないよ。

里村　ええ。

プーチン守護霊　俺《おれ》は、神様を信じてるんだからさあ。教会へ行って祈《いの》るのが大好きだし、教会の立て直しを一生懸命《いっしょうけんめい》やってるんだから、それをよく見てちょうだいよ。ＰＲでやってるわけじゃないんだから、これは。

里村　そうしますと、旧ソ連邦《れんぽう》の復活でもないし、かと言って、それ以前のロシア帝国《ていこく》の復活でもないということですね。

プーチン守護霊　だけど、ロシア人を、あまり惨《みじ》めな境遇《きょうぐう》には落としたくないよ。やっぱり、彼らも、かつて持っていた一流国としての誇《ほこ》りを、ある程度、維持《いじ》したいからね。

里村　ええ。

少数民族を迫害《はくがい》する気はないが、国の求心力低下は避《さ》けたい

黒川　プーチン大統領は「強いロシア」を目指されているわけですが、最終的には、「民主主義国家、自由主義国家」を目指しておられるのでしょうか。それとも、やはり、独裁的な部分も残した「強い国家」を目指しておられるのでしょうか。

プーチン守護霊　君たち日本人が、まだ理解していないものに、民族問題があるんだよ。

立木　はい、ありますね。

プーチン守護霊　ロシアには共和国がいっぱいあって、それぞれ民族が違《ちが》うし、言葉もすごく違うんだよ。だから、これをまとめるのは、本当はすっごく難しいんだよ。

まあ、インドみたいに、言葉が違っても一国になってる所もあるけど、何かでまとめなきゃいけない。

経済的利益でそれをまとめるか。KGB《ケージービー》的な権力機構でまとめるか。あるいは、宗教でまとめるか。やっぱり、何かでまとめなきゃいけないんだよなあ。

里村　私どもとしては、ロシア正教をも含《ふく》めた、大きな大きな「地球神《しん》」とも言える存在への信仰でまとまってくるのではないかと思っています。

プーチン守護霊　君ねえ、ロシアに何十人信者がいて言ってるのよ。オウムに二十年も後《おく》れを取っていて、何を言うとるか。

里村　あそことは、またちょっと違っていて、いろいろな国家戦略が絡《から》んでいますので……。

立木　ロシア国内にはイスラム教徒もけっこういらっしゃると思うのですが……。

プーチン守護霊　うん、いるよ。

立木　イスラム教徒に対しては、どのように考えておられますか。

プーチン守護霊　彼らの所は、ちょっと内戦が起きやすいのでねえ。やっぱり言うことをきかないからね。

立木　はい。

プーチン守護霊　宗教が違うと、言うことをきかないことが多くて、内戦が起きやすいので、まあ、このへんには難しいところはあるけどねえ。

でも、文明論的に見れば、やっぱり、キリスト教圏《けん》が優位《ゆうい》にあることは間違いない。だから、彼らを、全部、迫害《はくがい》する気はないけども、風習の違いで国を分け隔《へだ》てるような感じになるのは、できたら避《さ》けたい感じはするなあ。「慣習が違うから、一緒《いっしょ》の国にはなれない」みたいなのは、できたら避けたい感じはするねえ。

中国が、まだ一国でまとまっている以上、うちがバラバラになって、力がなくなっていくっていうのは、あんまりよろしくないんじゃないかな。

里村　そうすると、本当に中国との関係次第ということなんですね。

プーチン守護霊　君らが言うチンギス・ハンの生まれ変わりの話が本当なのかどうかは知らんけどさあ、もし彼が、旧ソ連領まで侵食《しんしょく》してくるぐらいの勢いを持ったり、そういう考えを持ったりしてるんだったら、話は違うからね。

里村　いやあ、習近平《しゅうきんぺい》は中央アジアまで絶対に行きますよ。

プーチン守護霊　そうなると、ロシアの余ったミサイルの向く方向が全部変わるからね。アメリカの方向から、〝下のほう〟に向いていくからさあ。

里村　歴史上、中国が大きくなるときは、必ず、南に向かうと同時に北に向かいますから、絶対にロシアに向かうと思います。

プーチン守護霊　うーん、そうかい？

里村　はい。

プーチン守護霊　それなら、うちも、永久凍土《とうど》からマンモスの遺伝子を掘《ほ》り出して、ちょっと復活させないといかんなあ。

里村　はい（笑）。

7　プーチン氏の驚《おどろ》くべき「過去世《かこぜ》」

日本と縁《えん》がないわけではない

里村　最後の質問になりますが、今日、お話をお伺《うかが》いしていて、非常に頼《たの》もしいというか……。

プーチン守護霊　頼もしいだろう？

里村　柔道家《じゅうどうか》のイメージを超《こ》えて、非常に力強く感じましたし、しかも、先ほども申し上げましたように、意外に日本語ですーっとお話ができましたので、「プーチン大統領の守護霊様は、いったいどういうご存在なのだろうか」と思います。

かつて日本人としてお生まれになっていたのではないでしょうか。どなたでございますか。

プーチン守護霊　うーん……。君らは今、神々の神殿《しんでん》の最深部まで入ろうとしてるんだ。

里村　ええ。

プーチン守護霊　〝ロシアの帝王《ていおう》〟の秘密を暴《あば》こうとしてるんだ。

里村　ええ、ええ。

プーチン守護霊　ただで暴けると思ってるのか、君。

里村　いえいえ。

プーチン守護霊　（水の入ったグラスを持ち）水だけで暴けると思ってるんだろ？

（会場笑）　ああ？

里村　いえいえ、とんでもないです。

プーチン守護霊　甘《あま》いよ。ウォッカぐらい出せよ、ウォッカぐらい。ああ？

里村　（笑）いえ、それはできません。

立木　日露《にちろ》関係の強化に頑張《がんば》ってまいりますので……。

里村　今晩から、ロシア語を一生懸命《いっしょうけんめい》、勉強します。

プーチン守護霊　ウォッカぐらい出さないとな。水一杯《いっぱい》でさあ、ロシアの帝王の素《す》顔《がお》を、ぜーんぶ暴こうなんて、それはないよなあ。

里村　ロシアの方々と、もっと仲良くします。

プーチン守護霊　それで、これを本にして、千何百円ぐらいで安売りしようとしてるんだろう？

里村　いえいえ。

黒川　ただ、「日本神道の神々と交流がある」ということは、やはりロシアの神様でいらっしゃるわけですよね。

プーチン守護霊　ああ？

里村　私は、今日、ただならぬ気配を感じさせていただきました。

プーチン守護霊　感じたぁ？

里村　はい。

プーチン守護霊　うーん。その直感は正しい。

里村　ありがとうございます。

プーチン守護霊　その直感は正しい。実に正しい。

里村　どなたでいらっしゃいますか。

プーチン守護霊　うーん、まあ、日本と縁《えん》がないわけではない。それは言っておく。縁はある。

里村　縁はあるのですね。

プーチン守護霊　縁はあるが、まあ、そういうことを言うことが、いいことかどうかには、ちょっと判断がつきかねるところがあるために、ちょっと言いづらい。

里村　はあ。

立木　日本の人たちにとって、親露感情を高める一つのきっかけになるのではないかと思うのですが。

プーチン守護霊　うーん……。ちょっとやっぱりなあ、キリスト教圏《けん》では転生輪廻《てんしょうりんね》を信じないからなあ。だから、これを言うことで、俺《おれ》の霊言《れいげん》がぶち壊《こわ》しになるとまずいだろう？　そのへんがちょっと気になるんだよなあ。うーん。

里村　なるほど。

「八代将軍・徳川吉宗《とくがわよしむね》」が私の過去世《かこぜ》

黒川　日本人の対露観を変え、恐怖心《きょうふしん》などを取り除くためにも、ぜひ、教えていただければありがたく思います。

プーチン守護霊　うーん……、まあ、いいや。君たちには、「最近、ちょっと霊感が出てきた」っていう噂《うわさ》が立ってるからさあ。

里村　はい。

プーチン守護霊　まあ、そこらへんに〝球〟を投げてみろよ。近かったら、「近い」と言ってやるからさあ。

里村　はい。では、日本の戦国時代にお生まれになっていますか。

プーチン守護霊　戦国時代か。違《ちが》うなあ。

里村　では、神代《かみよ》の時代ですか。

プーチン守護霊　いや、違うなあ。

里村　とすると、明治維新《いしん》以降ですか。

プーチン守護霊　いや、そんなに近くはない。

黒川　江戸《えど》時代ですか。

プーチン守護霊　うーん？

黒川　江戸時代ですか。

プーチン守護霊　うん？

里村　お？

黒川　江戸時代……。

プーチン守護霊　うん？　お？　ウォッカ、ウォッカ！

里村　江戸時代ですね。徳川ですか。

プーチン守護霊　うーん？　うーん？　うーん……。

里村　徳川家康《とくがわいえやす》？

プーチン守護霊　いや、そんなことはない。そこまで深くはないさ。「家康」って言ったら、日本人がみんな怒《おこ》るだろうが。そんなことはないよ。それほどではないがな。

里村　そうですか。

プーチン守護霊　家康ではないがな。うん。

立木　何か商売をされていたとか。

プーチン守護霊　商売？　商売をしていたことはない。すまんなあ。

里村　やはり、殿様《とのさま》でいらっしゃいますか。

プーチン守護霊　うーん。まあ、そうだなあ。一定の地位はあったわなあ。

里村　将軍様をされていましたか。

プーチン守護霊　うーん、核心《かくしん》に迫《せま》ってきたなあ。

里村　それは、あの……。

プーチン守護霊　なんか水だけじゃ、ちょっとなあ（会場笑）。いくら何でも……。

里村　だいたい分かってきました。八代将軍・吉宗《よしむね》様。

プーチン守護霊　分かったか。

里村　はい。

立木　ほおお！

プーチン守護霊　うん、そうなんだ。

立木　それは驚《おどろ》きました。

里村　私どもとしても、「暴《あば》れん坊《ぼう》将軍」がこちらにいらっしゃったということで、たいへん心強い思いがいたします。

プーチン守護霊　だから、過去世《かこぜ》はさあ、日本で勉強してるから、日本語はペラペラさ。当ったり前じゃねえか。

里村　はあ！

プーチン守護霊　だけど、まあ、ちょっとな、経済と政治を「合わせ技《わざ》」で使うのは難しいからね。

プーチン大統領の再選は、日本にとっての「福音《ふくいん》」

里村　今後、もちろんアメリカとの関係もありますが、日露の結びつきを少し強めながら中国を押《お》さえ込《こ》むことで、二十一世紀の世界は変わりますね。

プーチン守護霊　うん。だから、俺が大統領になったことはねえ、君らにとっては福音《ふくいん》だよ。これだけは言っとくよ。絶対、福音だから。福音だと思うよ。

知日派の人がロシアの大統領になってくれるっちゅうことはねえ、中国の脅威《きょうい》に怯《おび》えている今の日本にとって、これほど心強いことはないよ。

里村　はい。

黒川　中国の民主化、自由化を促《うなが》す力になるのではないかと思います。

プーチン守護霊　まあ、そこまでの力があるかどうかは、ちょっと、なかなか……。

黒川　ただ、日本とロシアのつながりが深くなっていけば、そのようになっていくのではないでしょうか。

プーチン守護霊　だから、ロシアのプーチン反対デモは、もうほどほどにするように、ちょっと諫《いさ》めといてよ。「ええ人なんや」と。

黒川　はい。応援《おうえん》していきたいと思います。

プーチン守護霊　「悪の帝王で、死ぬまで独裁をして、みんなを皆殺《みなごろ》しにしたいというような、そういう人じゃないんや」と。そういう、カダフィとか、何だ？　あのイラクのおっさん……、何だ、あれ？

里村　フセインですね。

プーチン守護霊　もう、「フセインとは違うんだ」ということを分かってくれりゃあ、ええなあ。

里村　はい。しかと伝えてまいります。

プーチン守護霊　だから、取り締《し》まりもすれば、経済の立て直しもするし、ちゃんと禁令、お触《ふ》れを出して、みんなを道徳的に高めることもするし、いろんなことをするけれども、まあ、「日本人として見ても、そんなに見劣《みおと》りするような人材ではない」ということだけを分かってくれればいいよ。

里村　はい。

プーチン守護霊　日本人が見ても、尊敬するような人物であったわけだ。

立木　はい、そうですね。

プーチン守護霊　だから、「プーチンが、二〇〇〇年以降、ロシアのジャーナリストを二十人暗殺した」とかいう噂が流れてるけど、あんなの嘘《うそ》だからね。あんなこと、俺はやってねえからさあ。そんなケチな男じゃねえからさあ。「ジャーナリストを二十人ぐらい殺して皇帝の座を維持しよう」なんて、それは陰謀《いんぼう》説だから、そんなのを信じちゃ駄目《だめ》だぜ。

立木　それでは、イギリスでリトビネンコ氏がポロニウムで殺された事件なども、違うと理解してよろしいですか。

プーチン守護霊　そんな細《こま》けえことをグチャグチャ言うんじゃないよ！

立木　あ、すみません。失礼しました。

プーチン守護霊　ロシアの皇帝なんちゅうのは、本気になりゃあ、何千万人も殺すんだからさあ、もう、そんな細かいことをあんまりグダグダと言うでない。

立木　はい。失礼しました。

プーチン守護霊　「そういう方向性は持っていない」ということだけを言っておき

たい。

立木　よく分かりました。

8　北方四島返還《へんかん》の条件

里村　最後に、党首から何か質問がありましたら……。

立木　そうですねえ。最後に、何かメッセージがありましたら、お願いします。

プーチン守護霊　まあ、北方四島を返す気はあるけど、「ただ取《ど》りされた」っていう噂《うわさ》が立ったら、やっぱり各地で反対デモはすごくなるからさあ。そういうわけにはいかんから、君らは、「何を出せば釣《つ》り合うか、ロシア国民が納得《なっとく》するるか」っていうことを、よく考えてくれよ。

立木　はい。

プーチン守護霊　それを考えて、計算のつじつまを合わせてくれたら、双方《そうほう》にとって利益があるし、うちはねえ、領土が広いから、本当は必要ないんだよ。別に要《い》るわけでないし、大したことじゃない。別に、あそこを通さなけりゃ漁業資源が何も手に入らないわけじゃないから、島を売ったって構わないし、そのままあげても、どちらでもええけどさあ。

日本の立場だけでなくてね、「どういうふうにすれば、ロシアで暴動が起きないように納得させられるか」だな。ほかにも、「返せ」って言う所は、いっぱいあるわけよ。占領《せんりょう》していた所がいっぱいあるからさあ、「民族が違《ちが》う」「宗教が違う」みたいな所がいっぱいあるから、あっちもこっちも、「うちも返せ」って言われたら困るのよ。

だから、「それをどうやって差別化するか」という戦略が立たないといかんのだ。

日本に対しては差別化戦略がきっちりと要るんだ。「なぜ、日本にはそういう特別なことをしなければならないのか」ということについて、論理をピチーッと立ててくれればありがたいなあ。

里村　それについては、こちらでしっかりと対応させていただきます。

立木　そうですね。

プーチン守護霊　あんたがたにしかできないよ。

立木　はい。

プーチン守護霊　たぶん、ワンパターンの自民党にもできないし、民主党なんか、きっと考えてもいないだろうからな。

里村　はい。今日は本当にお忙《いそが》しいなか、ご降臨いただきまして、ありがとうございました。

立木・黒川　ありがとうございました。

プーチン守護霊　うん。じゃあ、ありがとう。

大川隆法　はい。意外でした。

あとがき

幸福の科学の対中国覇権《はけん》主義への包囲網作戦が、もうすぐ完成しそうである。あとは、韓国やアジアの国々との安全保障関係の強化だろう。

宗教法人幸福の科学と、政党としての幸福実現党の双方を用いて、日本国民の生命・財産・安全を守るべく、ここ数年戦ってきたが、国民の大半には、まだその真意も、志《こころざし》も分かってはもらっていないだろう。

ただ、この日本にはまだ「光」がある。そして「未来」がある。それは、やがて世界をも導《みちび》くものである。そのことだけを伝えるために、私は「不惜身命《ふしゃくしんみょう》」で戦ってきた。結果はまだ出ていない。しかし、救世主として、世界教師《せかいきょうし》として、恥《は》じることはない生き方をしてきたつもりだ。

二〇一二年　三月十三日

国師《こくし》　大川隆法《おおかわりゅうほう》

ロシア・プーチン新大統領《しんだいとうりょう》と帝国《ていこく》の未来《みらい》
──守護霊インタヴュー──

2012年4月7日　初版第1刷

著者　大《おお》川《かわ》隆《りゅう》法《ほう》

発行　幸福実現党
〒104-0061 東京都中央区銀座2丁目2番19号
TEL(03)3535-3777

発売　幸福の科学出版株式会社
〒142-0041 東京都品川区戸越1丁目6番7号
TEL(03)6384-3777
http://www.irhpress.co.jp/

印刷・製本　株式会社 サンニチ印刷

落丁・乱丁本はおとりかえいたします

ISBN978-4-86395-190-7 C0030
Photo: AP/アフロ

大川隆法 ベストセラーズ・日本経済を救うには

財務省のスピリチュアル診断

増税論は正義かそれとも悪徳か

財務省のトップへ守護霊インタヴューを敢行! 増税論の真の狙いとは? 安住大臣と、勝事務次官の本心に迫る!

【幸福実現党刊】

1,400円

日銀総裁とのスピリチュアル対話

「通貨の番人」の正体

デフレ不況、超円高、財政赤字……。なぜ日銀は有効な手を打てないのか!? 日銀総裁・白川氏の守護霊インタヴューでその理由が明らかに。

【幸福実現党刊】

1,400円

もしケインズなら日本経済をどうするか

日本を復活させる21世紀の経済学

円高をどう生かすべきか? TPP参加の是非とは? 最強の経済学者の一人、ケインズが、日本を救う財政・金融政策と震災復興策を語る。

【幸福実現党刊】

1,400円

幸福の科学出版　　※表示価格は本体価格(税別)です。